KB134091

문학 예찬

문학 예찬

지그문트 바우만
리카르도 마체오 지음

안규남 옮김

◯ 21세기문화원

일러두기

1. 이 책은 지그문트 바우만, 리카르도 마체오의 *In Praise of Literature* (Polity Press, 2016)을 번역한 것이다.
2. 맞춤법과 표기법은 국립국어원의 어문 규범에 따랐다. 다만 외국어 표기가 원음과 멀어진 경우에는 예외로 했다.
3. 저자의 주는 미주로 정리했고, 옮긴이의 주는 각주로 하되 간단한 것은 독자들을 위해 본문의 괄호 안에 써넣었다.
4. 종결 어미는 서간체에 맞도록 '-ㅂ니다'를 사용하고, 그 외에는 간명한 전달을 위해 원서 그대로 경어보다는 평어 위주로 번역했다.

차   례

세상 사람들이 기만당하기를 원한다는 말은 일찍이 그 말이 의도했던 것 이상으로 참이 되었다. 사람들은 속임수에 푹 빠져 있기만 한 것이 아니다. 기만이 찰나의 만족이라도 보장하기만 한다면, 사람들은 기만이라는 것을 뻔히 알면서도 기만을 원한다. 그들은 자신들에게 주어진 것이 애초에 생산된 목적을 충분히 알고 있기 때문에 일종의 자기혐오 속에서 애써 눈을 감고 그것을 받아들인다. 그렇지 않으면 그들은 거짓 만족을 주는 것에 매달리지 않는 순간 자신들의 삶이 완전히 견딜 수 없는 것이 되리라는 것을 안다.

T. W. 아도르노, 「문화 산업에 대한 재고Culture Industry Reconsidered」, 『문화 산업The Culture Industry』(앤슨 라빈바흐Anson G. Rabinbach 역), 라우틀리지, 1991, p. 89.

휴머니즘의 공식적 실천은 공식적인 것이라고는 하나도 없는 실로 인간적인 모든 것이 사실은 비인간적인 것이라고 비판함으로써 완성된다. 왜냐하면 비판은 인간에게서 그의 빈약한 정신적 소유물을 빼앗고 인간 스스로 선한 것이라고 간주하는 베일을 제거하기 때문이다. 베일이 벗겨진 이미지가 그의 마음속에 불러일으키는 분노는 진리는 그것을 말하는 사람에게만 해를 끼친다는 엘베시우스Helvetius의 가설처럼 그 베일을 찢은 사람들에게로 향한다.

T. W. 아도르노, 「문화와 행정Culture and Administration」, 『텔로스Telos 37』(웨스 블롬스터Wes Blomster 역), 1978, p. 106

명확하게 문화적인 것은 삶의 적나라한 필연성에서 떨어져 나온 것이라는 단순한 사실을 인정해야 한다. (…) 인류의 자기 보존의 체계를 넘어서는 것, 그것이 문화이다. (…) 문화의 신성불가침한 비합리성.

같은 책, p. 94, 100, 97

물질적 현실을 교환가치의 세계라고 한다면, (문화는) 교환가치의 지배를 거부한다.

T. W. 아도르노, 『한 줌의 도덕*Minima Moralia*』(E. F. N. 제프코트Jephcott 역), 버소Verso, 1974, p. 44

머리말

이 책은 우리 둘이 편지로 나눈 대화를 엮은 것입니다. 그 주제는 악명 높은(어떤 학자에 따르면 '본질적인') 논쟁거리, 즉 문학(그리고 예술 전반)과 사회학(더 일반적으로는, 과학적 지위를 주장하는 인문학의 한 분야)의 관계입니다.

문학·예술과 사회학은 문화에서 빼놓을 수 없는 부분입니다. 앞에서 인용한 문화의 본질과 역할에 대한 테오도르 W. 아도르노의 진술과 평가 — 문화는 미래의 문화 수혜자에게 자칫 선한 것으로 오해될 수 있는 '베일을 찢어 버림'으로써 '자기 보존의 체제를 넘어서는 것'이다 — 는 문학·예술과 사회학에도 해당되는 이야기입니다. 다양한 유형의 문화적 생산물들은 대개 서로 연결되어 있고 상호 협력하지만, 우리가 보기에 문학과 사회학의 연결과 협력은 그 이상입니다. 문학과 사회학은 편제상 분리되어 있지만, 실은 매우 밀접하게 연결되어 있고 서로 긴밀히 협력합니다.

우리는 이 책에서 문학과 사회학이 사명과 사회적 영향뿐만 아니라 탐구 영역, 주제, 소재도 공유한다는 주장을 제시하면서 이러한 주장이 옳다는 것을 보여 주고자 합니다. 문학과 사회학은 양자의 친족관계와 협력의 특징을 밝히려 시도할 때, "서로를 보완·보충하고 풍부하게 해 줍니다. 문학과 사회학은 적대 관계는커녕 (…) 경쟁 관계에도 있지 않습니다. 알건 모르건, 문학과 사회학은 같은 목적을 추구하고 그런 점에서 '둘은 같은 일을 한다'"[1]고 말할 수 있습니다. 그렇기 때문에 섣부른 판단이나 주입되거나 자신이 만들어 낸 잘못된 생각들로 짜인 베일을 찢고 인간 조건의 수수께끼를 풀어내고자 하는 사회학자라면, 그리고 "시험관에서 태어나고 길러지는 호문쿨루스homunculus*의 오만하고 미심쩍은 '지식'으로 채워진 '진리'가 아니라 '진정한 삶'을 추구하는 사람이라면, 그 실마리를 프란츠 카프카Franz Kafka, 로베르

---

* 호문쿨루스 : 르네상스 시대의 연금술사 파라켈수스의 저작에 나오는 아주 작은 인간. 시험관 속에서 인위적으로 만들어지며 모든 지식을 갖춘 상태로 태어난다.

트 무질Robert Musil, 조르주 페렉Georges Perec, 밀란 쿤데라 Milan Kundera, 미셸 우엘베크Michel Houllebecq 같은 작가들에게서 찾는 것이 가장 좋습니다." 문학과 사회학은 서로에게 자양분을 제공합니다. 또한 둘은 서로의 인식의 범위와 한계를 밝히고, 서로가 저지르는 실수를 바로잡기 위해 협력합니다.

예술과 인문사회과학 간의 다면적 관계에 대한 학문적 견해들이 역사적으로 어떻게 변화해 왔는지를 다루고 있는 책들이 있습니다. 우리의 계획은 그러한 연대기를 하나 더 추가하는 것이 아니었고, 저 다면적 관계에 대한 현 단계의 학문적 견해를 다루는 것도 아니었습니다. 우리의 대화는 주로 사회학적 관심에서 이루어진 것이지 문학 이론을 펼쳐 보이기 위한 것이 아니었으며, 문학 이론의 장구한 역사를 재구성하기 위한 것은 더더욱 아니었습니다. 우리가 다루고자 한 것은 예술과 인문사회과학 간의 생생한 다면적 관계 자체입니다. 우리는 인간 조건에 대한 이 두 종류의 탐구가 공유하고 있는 목표, 서로에게 제공하는 자극, 서로 주고받는 것을 추적해 기록하고자 했습니다. 다시 말해 기쁨과 슬픔, 인간 잠재력의 실현과 방치나 방기, 가능성과 희망, 기대와 좌절 등 인간의 세계-내-존재 방식들을 추적해 기록하고자 했습니다. 문학과 사회학은 분명히 서로 다른—그러나 상보적인

— 전략과 수단과 방법을 사용해 이러한 일을 합니다(최소한 시도하고자 합니다. 끊임없이 시도를 하는 것이 문학과 사회학의 숙명이라고 할 수 있습니다).

사회학과 다른 과학들 간의 차이를 구분하고 정리하려는 시도 — 부분적 성공을 거두었을 뿐입니다 — 와 문학과 다른 예술들 간의 차이를 구분하고 정리하려는 시도는 둘의 상호 관계에 대한 일반적인 견해들과 사회학자와 문학자들이 추구하는 일의 우선순위에 깊은 영향을 미칠 수밖에 없습니다. 그런 까닭에 문학과 사회학(분리되어 있다고 가정된)을 연결하는 다리를 건설해 통행을 활성화하기보다는 경계선을 긋는 일이 더 많은 주목을 받아 왔습니다(우리가 보기에, 이는 문학과 사회학 모두에 이익보다 훨씬 더 많은 해악을 초래해 왔습니다). 또한 양측은 여행 서류 발급에는 극히 인색한 반면 신분증명서를 검사하는 데는 더없이 많은 주의와 노력을 쏟았습니다. 다른 점이 있기 때문에 경계선이 그어진다기보다는 경계선이 그어졌기 때문에 다른 점을 열심히 찾아 만들어 낸다는 프레드릭 바스Frederick Barth의 말을 확인해 주기라도 하듯이 말입니다.[2] 문학과 사회학이라는 두 종류의 문화적 생산물은 각각 자기 영토에 들어오려는 모든 신청자들에게 엄격한 조건을 요구합니다. 각기 유일무이한 정체성과 영토적 주권을 보호하기 위해 엄격하고 까다롭고 부담스러운 규정과 추방 조항을 성문화합니다. 규칙에의 순응이라는 기준에 따라 경계선 방책과 빗장을 엄청나게 높이 설치함으로써, 충분히 훈련되지 않았거나 계급 특권을 침식할 우려가 있는 신청자들은 아예 접근할 엄두조차 내지 못하게 만듭니다.

문학과 사회과학적 연구가 각자의 목적지에 도착할 때가 되었음을 알려도 된다고 느끼는 지점들이 다양하듯이, 거기에 이르는 '방법'도 다종다양합니다.[3] 하지만 우리가 보기에 그 방법들 중 두 가지가 인간 조건을 탐구하는 두 방식인 문학과 사회과학적 연구를 구분하는 데 핵심적입니다. 동시에 그 두 가지는 문학과 사회학의 상호보완적 관계의 핵심이기도 합니다.

게오르그 루카치는 일찍이 1914년에 이러한 이원성을 멋진 표현으로 포착했습니다. "예술은 항상 삶에 대해 '그럼에도 불구하고!'라고 말한다. 형식의 창조는 불협화의 존재에 대한 가장 심원한 확인이다. (⋯) 그 존재가 완성된 형식 내에 있는 다른 장르들과는 대조적으로, 소설은 생성 과정에 있는 것으로 모습을 드러낸다."[4] 여기에 덧붙이자면, 많은 ─아마도 대부분의─ 사회학적 연구는 완벽·최종·종결을 추구한다는 점에서 루카치가 말하는 '다른 장르들'의 집단에 속한다고 할 수 있습니다. 사회학적 연구는 이러한 목표를 추구하는 과정에서 독특하고 틀에 박히지 않고 관습에 얽매이지 않는 모든 것, 다시 말해 개인에게만 있는—주관적인—모든 것을 건너뛰고 언저리로 밀어내고 별 의미 없는 이질적인 변칙 사례로 치부해 그림에서 지워 없애려 합니다. 사회학적 연구는 독특하고 다른 것을 이상하고 변칙적인 것으로 치부해 제거하고자 하며 그 대신 획일적이고 일반적인 것을 찾아내고자 합니다. 그러나 루카치가 주장하듯이, "소설의 외적 형식은 본질적으로 전기적"입니다. 루카치는 단언합니다. 소설이란 "삶을 결코 완전히 포착할 수 없는 개념 체계와 결코 완전—그 자체로 유토피아적인 것—에 도달할 수 없는 삶이라는 복합체 사이를 왔다 갔다 하는 운동"을 객관화한 것이라고 말입니다.

그리하여 한쪽에는 개별적 삶을 둘러싸고 있는 유기적으로 타율적이고 본질적으로 모순적인 사회 환경이 있고, 다른 한쪽에는 파편화된 삶에서 총체성을, 굴곡과 변화로 점철된 삶에서 고정된 궤적을 찾아내고자 하는 개인의 진지하지만 가망 없는 노력이 있습니다. 전자는 비논리적이고 비합리적인 조건에 논리와 합리성을 귀속시키는 오류를 초래할 수 있습니다. 후자는 온갖 이질적이고 모순되는 밀고 당기기의 뒤얽힘 속에서 스스로 추진력을 갖고 나아가는 영웅적 행위를 발견하는 오류를 초래할 수 있습니다. 사회학적 연구는 전자의 위험을 안고 있고, 소설은 후자의 위험을 안고 있습니다.

사회학도 문학도 혼자만의 힘으로는 위험을 극복할 수 없습니다. 둘이 힘을 합쳐야—그리고 오직 이 경우에만—위험을 피하거나 극복할 수 있습니다. 그리고 둘의 차이야말로 둘이 상호 협력을 통해 승리를 거둘 수 있게 해 주는 결정적인 요소입니다.

밀란 쿤데라의 말은 정곡을 찌릅니다. "데카르트만이 아니라 세르반테스도 근대의 창시자이다 (…) 철학과 과학이 인간의 존재를 망각했다는 것이 사실이라면, 그보다 더 분명한 사실은 세르반테스와 더불어 이 망각된 존재를 탐구하는 위대한 유럽 예술이 출현했다는 것이다."[5] 또한 쿤데라는 "소설의 유일한 존재 이유는 소설만이 발견할 수 있는 것을 발견하는 것이다"라는 헤르만 브로흐Hermann Broch의 주장에 전폭적인 지지를 보냅니다. 브로흐의 말에 한마디 덧붙이자면, 그러한 발견이 없다면 사회학은 외짝다리가 될 위험이 있습니다.

사회학과 문학의 관계는 '형제나 자매간의 경쟁'에서 볼 수 있는 온갖 특징들을 갖고 있습니다. 비슷한 목표를 추구하면서 비교 가능한 상이한 유형의 결과들을 근거로 판단·평가·인정·불인정을 피할 수 없는 존재들 사이에 협력과 경쟁이 혼재하는 것은 어찌 보면 당연한 일입니다. 소설과 사회학은 동일한 호기심의 산물로 비슷한 인식적 목적을 갖고

있습니다. 부모가 같고 가족 유사성이 뚜렷한 둘은 칭찬과
선의의 질투가 뒤섞인 상태에서 서로의 발전을 지켜봅니다.
소설가들과 사회학적 텍스트의 저자들은 결국 같은 땅을 탐
험합니다. 그들은 (호세 사라마구의 말을 인용하면) "정당한 이
유가 있어서든 그게 아니든 간에 지금껏 살아남았고 앞으로
올 세대에게도 계속 영향을 미칠 발자취와 존재감과 영향력
을 남긴 남녀들이 이 세계에서 살았음을 증언하는" 세계-내
-존재의 광대한 경험을 탐구합니다.[6] 소설가와 사회학자는
말하자면 공유주택에 삽니다. 독일인이 레벤스벨트Lebenswelt
라고 부르는 '생활세계', 구체적으로 말하면 거주자들('아우토
르auctor', 즉 행위자인 동시에 저자)에 의해 인식되어 '상식'의
지혜로 재생되고 생활습관에 반영되는 삶의 기술로 재생되
는 세계에서 삽니다. 알건 모르건 그들은 일종의 '이차적 해
석학'에 종사합니다. 즉 이전 해석들의 결과들—일반인들의
해석을 통해 그들의 억견의 일부가 되는 현실들(상식: 사람들
이 생각할 때 사용하지만 정작 그 자체에 대해서는 거의 생각해 보지
않는 관념들)—을 끊임없이 재해석하는 일을 합니다.

　지금까지 동시대인들이 붙들고 씨름한 문제가 출현했을 때
궤적의 변화나 새로운 흐름을 기록하고 검토한 것은 주로 소
설가들(그리고 선견지명이 있는 다른 예술가들)이었습니다. 대부
분의 사회학자들은 어떤 단계에서 새로 시작되는 것을 그 주

변적 특성 때문에 혹은 이미 별것 아닌 것으로 분류했기 때문에 주목하지 않거나 무시하곤 했지만, 소설가들은 그것을 탐지하고 포착했습니다. 지금도 우리는 그 사례를 목격하고 있습니다. 오늘날 소설가들은 공적 숙고, 토론, 의식의 전위에서 영화감독이나 시각예술가들과 협력하고 있습니다. 그들은 점점 더 탈규제화·원자화·민영화되는 우리의 소비자 사회에서 남녀 인간들을 규정하는 새로운 조건에 대한 통찰을 선도합니다. 사람들은 정신없이 바쁜 삶을 살아가면서 새로운 유행에 합류할 운명을 지닌 채 순간의 독재하에 신음하고 있습니다. 소설가들은 순간의 기쁨과 지속적인 우울·두려움·분노·반대 그리고 어정쩡한 혹은 진정한 저항 시도들을 탐구하고 묘사합니다. 물론 그런 저항들은 부분적 승리나 명백한 패배(그러나 일시적이기를 바라는)로 끝납니다. 사회학은 소설가들에게서 통찰과 자극과 활력을 얻어 '싫어하지도 않지만 그렇다고 아주 좋아하지도 않는' 체계적 연구에 근거해 소설가들의 통찰을 권위 있는 진술로 재생하고자 합니다. 이 과정에 대한 전문적 연구는 예술과 과학이라는 두 문화의 관계와 상호의존의 패턴을 해독하고 이 두 동업자가 서로에게 도움이나 깨달음·자극·활력을 얼마나 받았는지를 평가하는 열쇠가 됩니다.

결론적으로 소설가와 사회학자는 이 세계를 서로 다른 시각에서 탐구하고 상이한 유형의 '데이터'를 찾고 생산해 내지만, 그 생산물에는 같은 원천에서 나왔음을 보여 주는 명백한 흔적이 담겨 있습니다. 소설가와 사회학자는 서로에게 자양분이 되고 의제, 발견, 메시지의 내용 등에서 서로에게 의존합니다. 둘은 상대의 연구 결과에 계속 주의를 기울이고 계속 대화를 나누면서 협력할 경우에만 진실이, 모든 진실이, 인간 조건의 진실이 드러납니다. 둘은 함께할 경우에만 전기와 역사, 개인과 사회의 복잡한 얽힘 — 우리가 매일 만들어 가는 동시에 매일 우리를 만들어 가는 총체성 — 을 풀어내 보여 주는 힘든 일을 해낼 수 있습니다.

지그문트 바우만과 리카르도 마체오

1

두 자매

문학과 사회학은 샴쌍둥이 자매로서 운명적으로 서로 분리될 수 없으며 같은 일을 하고 협력할 수밖에 없다.

지그문트 바우만에게

당신은 문학과 사회학을 '자매'라고 부르면서까지 문학이 사회학에 매우 중요한 이유에 대해 이야기했습니다. 실제로 세르반테스의 《돈키호테》나 밀란 쿤데라의 작품에서 볼 수 있듯이, 문학과 사회학은 언제나 이전 해석의 베일[1]을 찢어 버리고자 합니다.

누구나 알고 있고 겪고 있듯이, 인간 경험은 복잡하고 무한히 다양합니다. 그렇기 때문에 개인은 호문쿨루스일 수 없습니다. 말하자면 모델과 통계학, 데이터와 객관적 사실 같은 것으로 다루어지거나 기술될 수 없습니다. 문학의 본질은 양가성에 있습니다. 문학은 본질적으로 은유적이면서 환유적입니다. 문학은 우리 삶의 고체성과 액체성, 동질성과 다원성, 부드러움과 "신랄하고 거칠고 바삭바삭한"[2] 성질을 표현할 수 있습니다. 오늘날 우리는 우리가 누구이고 무엇을 원하는지를 표현할 말을 갖고 있지 못할 뿐만 아니라 현란할 정도로 매력적이고 유혹적이지만 사실은 공허하고 생명 없는 말들을 배가 터질 정도로 강제로 폭식당하고 있습니다. 이를테면 놀라운 성능을 가진 새로운 최첨단 장치라든가 사회적 지위에 대한 남들의 기대에 부응하려면 반드시 가져야 한다는 물건을 사라고 어디에서나 끊임없이 유혹하는 셀럽들의 말들 같은 것 말입니다.

그렇기 때문에 "자신들의 세계-내-존재 방식의 진리를 발견하고자 하고, 아직 발견되지 못한 채 방치되거나 묻혀 있는 대안들에 대해 알고자 하는 독자들과의 협력을 원한다면",[3] 사회학과 문학은 협력하지 않으면 안 됩니다. 그래야 우리를 둘러싸고 있는 베일들에 가려져 있는 진실을 판단하고 드러낼 수 있는 우리의 능력, 우리의 욕구에 따라 행동할 자유를 제공할 수 있는 우리의 능력을 확대할 수 있습니다.

이 책의 서문에는 당신이 최근에 출간한 저서에서 말하고자 하는 핵심이 간략히 요약되어 있습니다. 사회학과 문학은 같은 목적을 갖고 있고 같은 일을 한다고 말이죠. 이는 언제나 문학에서 자양분을 얻어 온 당신의 사회학적 작업의 핵심이라고 할 수 있습니다. 이런 점을 고려할 때, 당신과 내가 나누고 있는 이 대화들을 묶은 책의 제목을 '사회학의 자매, 문학*Sister Literature*'이라고 하면 어떨까 하는 생각을 줄곧 했습니다. 이런 생각을 하게 된 데는 내 친구들이 쓴 두 권의 저서도 얼마간 영향을 미쳤습니다. 그들은 그 책들에서 문학이 우리의 삶을 이해하고 우리가 겪고 있는 오늘날의 사건들을 이해하는 데 얼마나 놀라운 힘을 갖고 있는지를 서로 다른 방식으로 보여 주고자 했기 때문입니다.[4] 하지만 이 책의 제목은 '문학 예찬*In Praise of Literature*'으로 정해질 것 같습니다. 그렇다 해도 내 생각과 크게 다른 제목은 아닙니다.

물론 내가 '사회학의 자매, 문학'이라고 제목을 생각한 데는 나의 성향도 일부 작용했습니다. 오래전에 나는 마르셀 프루스트가 보는 외디푸스를 주제로 졸업 논문을 썼고 그 후 파리로 가서 라캉을 공부할까 생각한 적이 있었으니까요. 그러다 1990년대 초에 사회를 이루고 있는 개인들을 간과하지 않으면서 사회에 대한 인식과 견해를 향상시키려 노력하다가 당신의 작업을 발견하고는 몹시 기뻤습니다.

그렇기 때문에 나는 당신이 사건이나 경험을 중심으로 이야기를 풀어가는 저자로서 훌륭한 사회학적 성찰을 펼쳐 주셨으면 합니다. 물론 정신분석학을 비롯한 인문과학도 활용해 주셨으면 합니다. 이 분과 학문들 간의 경계선은 결코 넘을 수 없는 것이 아니니까요.

당신은 최근작 《사회학의 쓸모》[5]의 첫 장에서부터 현실을 기술하는 데는 무엇보다도 올바른 단어를 사용하는 것이 중요하다고 매우 강조합니다. 예를 들어, 독일어와 달리 영어에는 '경험'을 가리키는 단어가 experience 하나뿐이라서 사회학을 인간 경험과의 대화라고 보는 당신의 입장에서는 영어가 장애물이라고 말하고 있습니다. 독일어에는 경험을 가리키는 단어가 두 개 있습니다. 하나는 경험의 객관적 측면을 의미하는 Erfahrung이고, 다른 하나는 경험의 주관적 측면을 의미하는 Erlebnis입니다.

임무 수행에 필요한 상상력을 소유하고 있는 사회학자의 과제는 체험이 미치는 범위를 넓혀 사람들을 그들의 껍질(마리오 루지Mario Luzi의 표현에 따르면, "어항 속의 물고기처럼/ 그들은 자신들의 선율 속에 있다")에서 끄집어냄으로써[6] 사람들이 개별적으로 겪은 많은 일들이 자신만 겪은 것이 아니라 사회적으로 발생된 것이고 조작될 수 있다('~을 위해'를 '~ 때문에'로 바꾸는 식으로)는 것을 깨닫게 하는 것입니다. 사회학자는 경험에 대해서도 이와 유사한 평가를 함으로써 자신의 범위를 넓혀야 합니다. 객관적 경험들은 쿳시Coetzee의 말처럼, 신이나 역사의 정신이 아니라 우리 인간들이 만들었기 때문에 '파괴하고' 더 마음에 들게 '바꿀' 수 있는 시장과 비슷합니다.[7] 객관적 경험들은 더 비판적이고 적극적인 역할을 하는 쪽으로 바뀔 수 있습니다. 가끔은 모든 것이 우리의 삶과 우리를 둘러싼 세계를 기술하기 위해 우리가 사용하는 말들을 진정으로 이해하는 것에서 시작될 수 있습니다.

우리의 액체 현대적 세계에서는 말에 대한 압박이 증가하고 있습니다. 당신이 지적하고 있듯이, 오늘날 점점 더 지배적인 소통 수단이 되고 있는 전자 메시지를 보면 단어들의 개수가 줄어들고 있을 뿐만 아니라 줄임말이나 자음들만 사용되기도 합니다. 온전한 말이 쓰이는 경우는 점점 줄어들고 있고, 그나마 쓰이는 온전한 말들도 갈수록 감정적이고 쾌락적인 성격을 띠는 경향을 보입니다. 젊은이를 겨냥한 MTV, M20, DJ Television 같은 TV 채널을 클릭하면, 정치적 올바름이란 명분을 유지하기 위해 철저한 계산 하에 다양한 인종 집단에서 뽑힌 남녀들의 반나체 이미지가 난무합니다. 파티·춤·섹스·술·밤·재미 같은 몇 가지 키워드가 끊임없이 우리의 귓전을 때립니다. 팝 음악은 언제나 사랑, 그것도 주로 불행한 사랑을 노래해 왔기 때문에, 사람들은 노래 가사에 쉽게 빠져듭니다. 오늘날 외계인이 '젊은이' TV를 본다면 지구인은 주로 밤에 춤과 술과 섹스로 이어지는 휘황찬란한 광란의 시간을 보내는 것 말고는 아무것도 하지 않는다고 생각할 것입니다. 우리 젊은이들의 불안정한 삶과 기회 부족을 고려할

1. 두 자매 25

때, TV가 제공하는 증거는 역설적인 표현보다도 더 나쁩니다. 그것은 현실을 완전히 오도하는 것이기 때문입니다.

　이에 못지 않게 위험한 질병이 젊은이들의 어휘에도 침투했습니다. 누구나 따라 부를 수 있고 대단한 영어 실력이 없어도 해독할 수 있는 단순하기 짝이 없는 영어 가사들이 끊임없이 울려 퍼지고 있습니다. 만일 모든 비영어권 사람들이 '소통의 언어'가 된 영어의 기본 어휘에 숙달할 수 있다면, 그것은 분명 긍정적인 발전일 것입니다. 하지만 이 노래 가사에 사용된 어휘는 단순히 기본 어휘가 아니라 0등급의 언어 표현이라고 할 만큼 대단히 불충분하고 빈약한 어휘입니다. 그러한 언어 표현은 아이들의 정신 속으로 파고들어 상상력을 해치고 취향과 선호를 식민화하며 특정한 즐거움을 추구하도록 하기 위한 단어들로 이루어진 만큼 단조롭기 그지없습니다. 몇 달 전부터는 새 노래가 발표되고 — 예컨대, 케이티 페리Katy Perry의 〈로어Roar〉나 제임스 블런트James Blunt의 〈본파이어 하트Bonfire Heart〉 — 몇 주 동안은 영상에 이미지 없이 노래 가사만 나오더군요. 가라오케와 비슷한 경험을 제공해 누구나 쉽고 빠르게 가사를 익힐 수 있게 하기 위해서 말입니다. 일단 가사를 다 익혀야만 신나지만 진부한 말들의 폭격에서 벗어나 이미지로 넘어갈 수 있습니다. 케이티 페리의 〈로어〉는 다양한 수준의 선정성과 우스꽝스러운 모험의 이미지를, 〈본파이어 하트〉는 선량한 오토바이 운전자를 주인공으로 내세운 이미지를 보여 줍니다. 메시지가 나지막하고 달콤하다는 것—어떤 노래의 경우에는 활기차고 거침없이 에로틱하다는 것—을 제외하면, 이 노래들에서 가장 두드러진 것은 언어의 침식·철수·희석입니다.

밀란 쿤데라가 1978년에 영어로 번역된 《웃음과 망각의 책 *The Book of Laughter and Forgetting*》[8]에서 시적으로 표현했듯이, 언어의 과도한 단순화는 음악의 단순화와 궤를 같이합니다. 쿤데라는 대담하고도 독창적인 방식으로 음악을 재사유한 쇤베르크의 12음계 혁신에 흥분을 금치 못했지만, 그러한 혁신의 뒤에 이어진 것은 고요와 침묵이 아니라 사방에서 싼 티 나는 음악이 끊임없이 쏟아져 나오는 창조성의 불모지였습니다.

쇤베르크도 죽고 엘링턴(미국의 재즈 피아니스트—옮긴이)도 죽었지만, 기타는 영원하다. 판에 박힌 화음, 진부한 멜로디, 단조로운 만큼이나 강력한 리듬. 이러한 것들이 음악에 남은 것이고, 음악의 영원성이라는 것이다. 그러한 단순한 음의 결합으로 모든 사람이 하나 된 느낌을 받을 수 있다. 단순한 음의 조합으로 모두가 하나가 되는 느낌은 마치 "나는 여기 있다!"고 다 같이 환호성을 지르는 것과 같기 때문이다. 단순함 속에서 함께하는 삶보다 더 향기롭고 일치된 친교는 없다. 이런 세계에서는 아랍인과 유대인, 체코인과 러시아인이 함께 춤을 출 수 있고, 존재하고 있다는 의식에 취해 몸이 음의 리듬에 맞춰 움직인다. 바로 이것이 기타로 만들어진 수많은 히트곡과 달리, 베토벤의 어떤 작품도 집단적 열정을 갖고 체험된 적이 없는 이유다.[9]

말도 마찬가지입니다. 말은 수많은 광고 전단의 문구로 전락했습니다. 통념에서 벗어나 우리의 세계관을 표현하는 데 가장 중요한 말이라는 매개체가 점차 쇠퇴하는 것은 실로 걱정스러운 일이 아닐 수 없습니다.

어떻게 하면 기만적이고 위험한 '장난감 나라'(이탈리아 소설 《피노키오의 모험》에 나오는 가상의 나라 — 옮긴이)로 언어를 끌어들이고 있는 이 거센 소용돌이에서 언어를 해방시킬 수 있을까요?

리카르도 마체오에게

케이티 페리나 마르셀 프루스트나 라캉이나 모두 의식이 무의식적으로 전제하고 있는 것들에 대해 말하고 싶은 중요한 뭔가가 있을 것입니다. 당신이나 나도, 그리고 저들의 책을 읽는 독자나 강의를 듣는 청중도 마찬가지죠. 그런데 우리가 알고 있고, 알고 있다고 생각하고, 알고 있다고 믿는 모든 것, 한 마디로 우리가 하는 모든 것은 담론으로 이루어져 있습니다.

데이비드 로지David Lodge가 최근 발표한 소설[10]에는 많은 약점에도 불구하고 랑그와 파롤(페르디낭 드 소쉬르가 만들고 클로드 레비스트로스가 정교화한 개념으로, 랑그는 언어 체계를, 파롤은 언어 사용을 가리킨다)에 대해서는 완벽에 가까운 지식과 감각을 소유한 언어학자 데스몬드 베이츠가 주인공으로 등장합니다. 로지는 주인공인 베이츠의 입을 빌어 "물고기가 물속에서 살 듯이, 우리는 담론 속에서 산다"고 말합니다.

> 법체계는 담론으로 구성된다. 외교도 담론으로 구성된다. 위대한 세계 종교의 믿음도 담론으로 구성되어 있다. 문해력이 높아지고 라디오·텔레비전·인터넷·광고·포장·책·잡지·신문 등 다양한 언어적 소통 매체가 증가하는 세계에서, 담론은 점점 더 우리 삶의 비언어적 측면까지 지배하기에 이르렀다.

베이츠는 우리는 담론을 먹고 담론을 마시고 담론을 보며, "심지어 섹스도 에로틱 소설과 섹스 매뉴얼의 담론에 따라 한다"고 말합니다. 약간 다른 이야기이지만, 베이츠 교수는 "몹시 지루해하는 학생도 주목할 수 있도록" 앞에 인용한 대학 신입생 환영 연설에서 섹스에 대한 이야기를 합니다. 이는 "팝 음악은 언제나 사랑을 노래해 왔다. (…) 그래서 사람들은 노래 가사에 쉽게 빠져든다"는 당신의 주장을 뒷받침하는 내용이 아닐까 합니다.

이 점에서 로지/베이츠의 말은 옳습니다. 그가 언어학에 바친 찬사가 모두 옳았으니 당연합니다. 실로 우리는 담론에 의해 만들어지고 담론에 따라 살아갑니다. 우리를 자유롭게 하는 것도 담론이고, 우리의 자유에 한계를 긋는 것도 담론이며, 이미 그어졌거나 앞으로 그어질 한계를 넘어서도록 우리를 자극하는 것도 담론입니다. 담론은 우리가 그것을 만드는 동안 우리를 만듭니다. 담론 때문에, 그리고 스스로가 자신의 자유에 그어 놓은 경계 너머를 들여다보려는 담론 고유의 충동 때문에, 우리의 세계-내-존재는 영원한 생성, 끝없이 이어지는 무한한 생성, 우리가 잉태되는 순간부터 죽음이 우리를 갈라놓을 때까지 우리와 우리의 생활세계의 영원한 생성입니다. 다시 말해 우리와 우리의 생활세계가 젤처럼은 아니지만 서로 분리할 수 없게 단단히 결합되어 우리 각자의 성공과 불행을 공유하는 것, 좋든 나쁘든 서로 묶여 있는 것, 하나가 되는 것입니다.

철학에서는 '실재'라고 부르고 일반적으로는 '사실'이라고 부르는 것은 말들로 짜여 있습니다. 우리는 말들로 짜여 있지 않은 실재에는 접근할 수 없습니다. 레오폴트 폰 랑케는 19세기의 동료 역사가들을 향해 '있었던 그대로의 사실'로 돌아가라고 했지만, 우리는 '있었던 그대로의' 과거에 접근할 수 없습니다. 밀란 쿤데라는 《만남Une rencontre》[11]에서 후안 고이티솔로Juan Goytisolo가 한 노인에 대해 쓴 이야기를 언급하면서 전기— 말 그대로 삶의 기록이고자 하는 모든 전기—

는 기억 속에 저장된 앞뒤가 맞지 않는 이미지 조각들에 인위적으로 논리를 부여한 것이고 그런 것일 수밖에 없다고 지적합니다. 그러면서 상식적인 생각과는 반대로 과거는 실재하지 않음이라는 치유 불가능한 맹독을 미래와 공유한다고, 즉 과거와 미래 둘 다 논리를 따라 작동하는 말들의 그물에 잡히지 않고 빠져나간다고 말합니다. 하지만 이 비실재야말로 "물속의 물고기처럼 담론 속에서 살아가는" 우리가 붙잡고 가질 수 있는 유일한 실재입니다.

이 비실재적인, 지극히 비실재적인 실재를 우리는 'experience'라고 부릅니다. 우리는 경험(즉 우리에게 일어난 일)을 다룰 때는 경험의 담론 속에 거짓이 매복하고 있는 것은 아닐까 하는 의심을 되도록 억누르려 애씁니다. 이러한 시도는 성공할 때도 있고 실패할 때도 있죠. 반면에 체험(우리가 저 일을 어떻게 겪고 버텨 냈는가)을 다룰 때는 저러한 의심을 인정하고 우려하지 않을 수 없습니다. 둘 중 어느 경우든, 이때 우리는 말들로 이루어진 벽을 뚫고 접근 불가능한 '있었던 그대로'의 땅으로 들어가고자 합니다. 그런데 역설적이게도 그 벽은 해석입니다. 즉 그 벽은 경험과 체험을 이해함으로써 기억에 저장했다가 필요에 따라 꺼내 쓰기 편하게 만들고, 우리가 경험과 체험의 진실성을 의심하지 않도록 하기 위한 활동의 산물입니다. 벽은 말로 이루어져 있고, 그 벽을 무너뜨릴 수 있는 단 하나의 공성 망치 또한 말입니다, 쿤데라의 은유를 빌리자면, 찢어진 커튼을 뚫고 들어갔더니 이음매 하나 없는 멀쩡한 모습의 두꺼운 커튼이 또 있는 셈입니다. 해석은 언제나 재해석이고, 재해석은 언제나 또 다른 재해석을 위한 교두보입니다. 우리가 이야기하는 선험적 '실재'나 경험적 '실재'는 언제나 이전의 해석에 싸인 상태로만 우리에게 올 수 있습니다. '가공되지 않은', '원초적인', '순수한' 실재, 한마디로 조금의 변형도 거치지 않은 '있었던 그대로의' 실재는 환상입니다. 하지만 늘 언어의 불완전성에 불만을 느끼는 우리에게 언어의 완성에 이르는 길, 그리하여 우리가 바라는 진리에 이르는 길을 알려 주는 일종의 베들레헴 별과 같은 역할을 할 수만 있다면, 저 실재는 유용한 환상입니다. 우리는 선택한 목적지에 도달할 수 없겠지만, 그 목적지라는 환상은 우리를 계속 움직일 수 있게 해 주니까요.

인간의 경험과 체험은 이미 해석된 형태로 작가와 사회학자의 작업대에 도착합니다. 문학과 사회학은 '이차적 해석'의 활동입니다. 즉 이미 해석된 것의 재해석입니다. 따라서 문학과 사회학은 해석의 커튼을 찢을 수 있는 숨은 봉합선을 찾아내는 일을 해야만 하고, 그 과정에서 바로 앞에 있는 커튼을 찢어 냄으로써 그 뒤에 숨은 더 많은 커튼을 드러내게 됩니다. 당신의 말대로, 문학과 사회학은 정말로 '자매'입니다. 더 나아가 문학과 사회학은 그냥 자매가 아니라 샴쌍둥이 자매라고 말하고 싶습니다. 영양분의 공급 기관과 소화 기관을 공유하고 있어 외과적으로 분리할 수 없는 쌍둥이 말입니다. 자매로서 문학과 사회학은 서로 경쟁하는 경향이 있습니다. 샴쌍둥이 자매로서 문학과 사회학은 운명적으로 서로 분리될 수 없으며 같은 일을 하고 협력할 수밖에 없습니다.

해야 할 일이 같으면, 관심사도 같을 수밖에 없고 같은 문제에 직면할 수밖에 없습니다. 그런데 모든 해석은 원칙적으로 최종적일 수 없고 해석의 기반이 되는 토대는 치유 불가능해 보일 정도로 취약하기 때문에, 문학과 사회학이 공유하는 중요한 문제는 우리에게 혼란과 좌절을 안겨 주며 무난하게 해결될 가능성이 전혀 없습니다. 인간 경험에 대한 해석들 중에 완전히 무해한 것, 즉 인간의 이해관계에 중립적이면서 인간의 행위에 영향을 미치지 않는 것은 거의 없습니다. 또한 우리는 인간 경험에 대한 해석이 원치 않는 부작용이나 부수적 피해를 조금도 초래하지 않도록 보장할 수도 없습니다. 그렇기 때문에 아무리 강력한 경험적 증거에 근거한 것이라 해도, 인간 경험에 대한 해석은 '비전문가의' 상식적인 지혜에 의해서든, 아니면 객관성, 학자로서의 용기, 가치중립적 권위 등의 미명 하에 우월함을 주장하는 지식에 의해서든 간에 거부되거나 회피될 수 있습니다. 실제로 그런 경우가 대단히 많습니다. 공통의 문제에 대한 해법으로 제시된 것은 거의 대체로 알프레드 노스 화이트헤드Alfred North Whitehead 가 말하는 "본질적으로 논쟁적인" 상태에 머물러 있을 수밖에 없습니다. 대체로 문학이나 사회학에서는 이론의 여지없이 보편적으로 인정되는 권위 같은 것을 획득할 수 없습니다. 이는 세계-내-존재의 인간적 방식, 지극히 인간적인 방식을 탐구하는 두 접근법 간의 '선택적 친족관계elective kinship', 즉 선택적 친화성elective affinity*의 또 다른 측면입니다.

사실 이해관계와 인식적 관점을 둘러싼 지극히 인간적인 갈등·대립과 완전히 무관한 객관성과 가치중립성은 문학이나 사회학에서는 있을 수 없습니다. 이 불편한 진실을 우회하기 위해 가장 흔히 쓰는 전략이 있습니다. 문학의 경우에는 예술 작품이 의도의 유무와 관계없이 사회적·정치적 결과나 다른 어떤 결과를 초래하든 간에 미적 성질만이 예술 작품을 판단하는 유일한 가치라고 주장할 수 있습니다. 사회학의 경우에는 사회 현실에 관한 글이 사회학에서 인정된 확실한 탐구 방법을 얼마나 엄격하게 따랐는지가 그 글을 평가할

---

* 선택적 친화성 : 원래 18세기 화학에서 어떤 물질이 특정 물질과 결합하는 성향을 이르는 말이었으나, 괴테가 네 남녀 간의 끌림과 상호영향 및 그로 인한 비극적 결과를 그린 소설의 제목으로 사용하면서 유명해졌다. 이후 막스 베버를 거쳐 사회학에서는 서로 유사한 면이 있는 두 문화적 형태들이 서로에게 끌리면서 서로 영향을 주고받고 서로를 발전시키는 관계를 뜻하는 것으로 사용된다.

수 있는 유일한 기준이라고 주장할 수 있습니다. 이런 전략들은 어느 정도 양심의 가책을 덜어 줄 수도 있고 저자가 자신이 행한 일의 결과에 대한 책임에서 손을 빼는 데 도움이 될 수도 있습니다. 그러나 그런 전략들도 그 생산물이 예상 밖으로 해롭고 끔찍한 결과를 초래할 수 있는 지극히 현실적인 위험을 막지는 못합니다. 오히려 문제를 덮어 버림으로써 해결을 더 어렵게 만들고 더 나아가 사실상 해결을 불가능하게 만들 뿐입니다. 저 전략들은 일단 채택되어 체계적으로 적용되기만 하면 공적 의제에서 문제를 확실히 없앨 수 있는 정책을 수립하고 홍보하기 위한 것이지만(생각과 의견의 자유로운 표현을 보편적 인권의 양도할 수 없는 일부라고 선언하고 관용의 적들에 대한 관용을 거부하면서), 결과적으로는 저자와 추종자들을 끝없는 모순 속으로 몰아넣습니다. 그리하여 문학과 사회학이 각기 소유하고 있는 판도라의 상자를 열어 버립니다. 두 전략을 실제로 적용할 때마다 또다시 논쟁을 불러일으킬 수밖에 없는 해결 불가능한 문제가 들어 있는 판도라의 상자를 말입니다.

헤더 맥로비Heather McRobie가 《문학의 자유*Literary Freedom*》(제로 북스, 2013)에서 밝히고 있듯이, "2009년 4월 박해받는 작가들을 대변하고 표현의 자유를 지지하는 펜 슬로바키아PEN Slovakia는 라도반 카라지치Radovan Karadžić의 시를 게재한 슬로바키아의 한 잡지에 대한 비난 성명을 발표했습니다."[12] 맥로비는 양측이 정반대의 정책을 채택하고 있지만 나름의 정당성이 있으므로 두 정책을 모두 인정해야 한다고 말합니다.

> 작가와 사회의 관계가 공생 관계라면, '사회로부터 작가를 보호'(즉 오웰이 말한 검열과 자기 검열 둘 다로부터 작가를 보호)할 필요성과 '작가로부터 사회를 보호하는 것'은 동전의 양면이라고 할 수 있다. 예를 들어, 작가의 작품이 문학적 혐오 표현을 통해 취약 집단에 명백한 피해를 줄 수 있는 경우를 생각해 보라.

라도반 카라지치는 인종 혐오와 더 일반적으로는 "군사화되고 의례화된 폭력, 순수성, 청소, 민족적 우월성 등과 관련된 표현들의 만연"을 부추긴다는 비난을 받고 있습니다. 그렇다면 그의 시는 분명 '혐오 발언'에 속한다고 할 수 있습니다. 그런데 그의 '혐오 발언'은 역겹고 잔혹한 행위와 연결되어 있습니다. 폴 파울리코프스키Paul Pawlikowski 감독의 다큐멘터리(세르비안 에픽Serbian Epics, 1992)를 보면, 포격에 불타는 사라예보를 언덕 꼭대기에서 내려다보며 자신의 시를 낭송하는 카라지치의 모습이 나옵니다. 이런 경우에도 저 두 정책을 모두 인정할 수 있을까요? 아니면 두 정책이 양립할 수 없음을 인정하고 어느 한쪽을 우선해야 할까요? 맥로비는 명백히 '인종 혐오… 또는 대학살을 선동하는' '혐오 발언'만이 보편적인 표현의 권리를 취소할 수 있는 정당한 사례라고 주장함으로써 딜레마를 축소하는 동시에 정당성(과 부당성)을 '맥락 의존적인' 것으로 만들어 버림으로써 카라지치 사례의 문제점을 축소해 버립니다. 그녀는 "맥락을 고려 사항에 포함시킴으로써 혐오 발언에 대한 정의를 수정해야 한다. 국수주의적 혹은 파시즘적 예술에 대한 검열에 찬성한다고 해도 모든 맥락에서 검열할 필요는 없다."고 말합니다. 하지만 그 경계선이 어디가 되어야 할까요? 그리고 그 경계선을 그을 자격은 누구에게 있을까요? 경계선을 그을 자격이 있는 사람이 있다면, 그 사람에게 그런 자격을 부여할 이유와 의향을 가진 사람은 누구일까요? 어떤 사람에게는 그럴 자격을 부여하지 않는 이유는 무엇일까요? 판도라의 상자에는 바닥이 없습니다.

퀸즐랜드 대학교 공공정책학 교수인 캐서린 겔버Katharine Gelber는 〈자유를 당연한 것으로 생각해서는 안 된다〉에서 다음과 같이 말합니다.

우리 호주인들은 아주 추상적으로는 언론의 자유가 중요하고 호주에는 언론의 자유가 있다고 생각할 것이다. 하지만 조금만 따져 들면, 그러한 생각은 그리 어렵지 않게 무너진다. 정치적 논쟁이나 지역 사회 논쟁의 현장처럼 정말로 언론의 자유가 중요한 경우에는 사람들은 거리낌 없이 언론의 자유를 짓밟는다. 이런 사례는 수없이 많다.[13]

사실 '혐오 발언'은 표현의 권리 침해가 문제 되는 사건들에서 비교적 드문 편이고 크게 중요하다고 보기도 힘듭니다. 혐오 발언보다 훨씬 더 많고 인간의 자유에 — 직접적이 아닌 간접적으로 — 해로울 수 있는 것은 '전략적 봉쇄 소송'입니다. 즉 '기업들이 자신들의 활동에 반대하는 운동을 벌이는 개인과 집단을 상대로 명예 훼손, 과실 또는 불법 방해 등의 이유를 들어 민사 소송을 제기하는 것'이 더 문제입니다. 기업들은 "동원할 수 있는 자원도 충분하고 시간도 많습니다. 이들은 처음부터 거액의 손해 배상을 청구합니다. 때로는 그 액수가 수백만 달러에 달하기도 합니다. (…) 이런 소송은 돈이 없는 개인과 단체로부터 손해 배상을 받아 내기 위한 것이 아니라 활동가들의 입을 막기 위한 것입니다."[14]

이는 '작가에게서 사회를 보호하는 것'과 관련해 특히 주목해야 할 중요한 사회적 문제와 연결됩니다. 여기서 말하는 사회적 문제란 공공선과 개인의 자유의 충돌 사례들—이런 사례를 극적으로 연출해 대중의 관심을 끌어내는 것이 미디어의 권리이기는 합니다만—에 존재하는 사회적 문제를 가리키는 것이 아닙니다. 그보다는 사회 통합, 상호 관용, 연대, 합리적인 공생, 상이한 인간다움의 상호 수용 등을 해칠 수 있는 생각이 사람들의 연대 의식을 대개 위장된 형태로, 은밀하게, 서서히, 겉보기에 무해한 방식으로, 사람들이 알아채지 못하는 사이에(알고도 경시하는 사람들이 더 많습니다만) 좀먹고 침식하는 것과 관련된 사회적 문제를 가리키는 것입니다. 단언컨대, 이러한 병폐들로부터 사회를 효과적으로 보호하는 것은 점점 더 실현 불가능한 꿈이 될 것입니다. 인터넷과 누구나 이용할 수 있는 정보 기술 덕분에 누구나 아주 쉽게 공적 영역에 접근할 수 있는 데다 익명성 덕분에 사용자에 대한 면책 특권까지 보장되니 말입니다. 앞서 말한 정책들을 생각해 내고 효과적으로 만들 수 있다는 주장은 게이트키퍼가 공적 영역에 들어갈 수 있는 소수의 출입구를 지키던 시대의 유물입니다. 공개 토론이 점점 더 전자적인 수단을 통해 이루어지면서 누구나 참여할 수 있고 이기기 위해서는 뭘 해도 상관없는 영역이 되고 있는 현실에서, 그런 주장은 점점 더 꿈같은 일이 되어 가고 있습니다. 거대 언론, 라디오, TV 방송사들의 선별 정책에서 벗어나 독립적으로 여론을 형성할 수 있는 길들이 있다는 것은 제한 없는 표현의 자유(즉 사회로부터 작가들을 보호하는 것)을 위한 투쟁에서 엄청난 진전일 수 있습니다. 하지만 그것은 동시에 '혐오 표현'과 그 확산 및 일반화, 대중의 혐오 표현 수용, 혐오 표현으로 인한 끔찍하기 그지없는 결과로부터 사회를 보호하려는 시도를 점점 더 가망 없는 것으로 만들 수 있습니다.

1975년 2월 8일에 수잔 손택이 《뉴욕 리뷰 오브 북스*New York Review of Books*》에 쓴 글이 있습니다. 당시에 손택이 경고했던 모든 현상이 40년이 지난 오늘날에도 여전히 이목을 끌 만큼 강력한 모습을 보이고 있다는 점에서, 그 글은 몇 번이고 읽을 만한 가치가 있습니다.[15] 그녀가 이 글을 쓰게 된 것은 히틀러와 괴벨스의 절친한 친구이자 찬미자로 그들의 총애와 극진한 후원을 받았던 열렬한 나치 협력자 레니 리펜슈탈Leni Riefenstahl이 어느 날 갑자기 재기해 사람들의 관심을 끌고 미국을 비롯한 여러 나라의 지식인들에게서 지지와 찬양을 받는 이해할 수 없는 일이 일어났기 때문입니다. 손택은 리펜슈탈의 과거 행적을 잊은 독자들에게 그녀가 우연히 잘못된 길에 동참하게 된 순진하고 결백한 예술가(레닌이 자기가 존경한 극작가 존 버나드 쇼G. B. Shaw를 우연한 사고의 희생자라고, 즉 페이비언 협회의 회원들과 함께 있는 바람에 우연히 길을 잃었을 뿐 사실은 존경할 만한 사람이라고 말했던 것과 비슷하게)

가 아니라 나치가 등장하기 훨씬 전부터 사실상 나치였다는 점을 상기시켰습니다. 또한 나치의 집권 이전에 이미 지그프리트 크라카우어Siegfried Kracauer가 리펜슈탈이 제작한 영화에 대해 '원형적 나치 정서 선집'이라는 정확한 지적을 하고 있다는 점도 상기시켰습니다. 나는 손택이 당시에 마르틴 하이데거Martin Heidegger, 칼 슈미트Carl Schmitt 그리고 특히 프리드리히 니체에 대한 관심이 되살아나고 있는 현상을 경계해야 할 이유로 제시한 것에 하나를 더 추가하고 싶습니다. 그것은 원형적 나치 정서 선집이라는 크라카우어의 말이 이 세 사상가의 생각과 행동에도 완벽히 들어맞는다는 것입니다. 손택은 하이데거·슈미트·니체의 부활이라는 이해하기 힘든 현상이 어둡고 공포스러운 원인에서 비롯되었다고 말합니다. "리펜슈탈의 영화가 여전히 영향력이 있는 이유는 다양하지만, 그 가운데 가장 중요한 것은 그 영화에 표현된 갈망을 사람들이 여전히 느끼기 때문이다. 다시 말해, 그 영화가 많은 사람들이 여전히 사로잡혀 있는 낭만적 이상을 표현하고 있기 때문이다."

일반적으로 국가 사회주의는 야만과 테러의 상징으로만 알려져 있다. 그러나 이것은 사실이 아니다. 국가 사회주의 — 혹은 더 일반적인 표현으로는 파시즘 — 는 오늘날에는 예술로

서의 삶이라는 이상, 아름다움 숭배, 용기 숭배, 열광적인 집단적 일체감에 의한 소외감 해소 등의 다른 이름으로 지속되고 있는 이상의 상징이기도 하다.

리펜슈탈이 만든 영상들에 담긴 정신이나 분위기 그리고 오늘날 미디어와 소비자주의적 시장의 부추김 하에 갈수록 인기를 끄는 사고방식과 잘 어울리는 '나치 이데올로기의 커다란 주제들' 중 하나는 '청결한 것과 불결한 것, 부패할 수 없는 것과 오염된 것, 육체적인 것과 정신적인 것, 즐거운 것과 비판적인 것을 대조'시키는 것이었습니다. 리펜슈탈은 프랑스 영화 잡지 《카이에 뒤 시네마》와 가진 인터뷰에서 "나는 아름답고 강하고 건강하고 살아 있는 것에 매혹됩니다. 나는 조화를 추구합니다"라고 말했습니다. 실제로 우리 우리 모두 그런 것에 끌리지 않나요? 그리고 우리 모두 조화를 추구하지 않나요?

하지만 나는 손택이 제시한 '원형적 나치 정서 선집'에 들어 있는 가치들과 숭배들의 목록에 가장 중요한 것이 빠져 있다고 생각합니다. 그것은 바로 폭력·전투·전쟁이 사람들을 고귀하게 만들고 새롭게 만들며 갱생하게 만드는 마치 기적과도 같은 놀라운 힘들을 갖고 있다는 신화입니다. 나치즘이 야만과 테러의 상징만은 아니라는 것은 맞는 말이지만, 고삐

풀린 야만적인 테러가 재산도 지위도 빼앗긴 채 굴욕감과 위협을 느끼며 복수심에 불타던 대중을 나치즘의 대열로 끌어들인 주된 매력 중의 하나이자 아마도 가장 중요한 요소였다는 것은 의심할 여지가 없습니다.

사회학과 문학이라는 샴쌍둥이 자매는 엄청난 과제를 안고 있는 것 같습니다. 흔히 우리는 현재 만연한 상징적 폭력이 아무리 부도덕하고 잔인하더라도 지난 세기를 지배했던 폭력보다는 나아진 것이라고 자위하곤 합니다. 거기에 더해 일부 심리학자들은 폭력적인 이미지에 계속 노출되면 더 큰 폭력, 훨씬 더 잔인한 폭력을 휘두르는 쪽으로 공격적 충동이 강화되는 것이 아니라 (오히려 상대적으로 무해한 형태로) 해소되며 사용되지 않은 공격성의 에너지가 집단적으로 방출될 기회도 얻게 된다고 장담합니다. 예를 들어, 최근의 월드컵 경기는 녹초가 된 평민을 주말마다 군소리 없이 복종하도록 만들기 위해 시행되었던 고대 로마의 '빵과 서커스' 정책과 비슷하게 수많은 사람들이 검투사가 벌이는 '우리가 죽든가 저들이 죽든가'의 싸움을 보며 즐기는 떠들썩한 축제입니다. 나도 서로 온 힘을 다해 밀치고 잡아당기고 넘어뜨리는 물리적 폭력의 광경 — 그런 다음에는 늘 상대방이 하지도 않은 반칙을 했다며 격분한 척하면서 자신은 아무 잘못도 없다는 제스처를 취하는 코미디 같은 장면이 이어집니다 — 을 지켜

본 수많은 시청자 중 한 명이었습니다. 수많은 사람들과 함께 한 달 넘게 이어진 많은 승부들, 상대팀을 때려눕혔을 때의 기쁨과 상대팀에게 졌을 때의 굴욕을 지켜보며 즐거워했습니다. 그러다 문득 전 세계의 수많은 TV 화면에서 흘러나오는 저 메시지가 심리학자들의 호언장담과 상충된다는 것을 깨달았습니다. 가장 명백히 상충하는 것은 '어떻게든 부상을 입지 않고 일어나 처벌만 피하면 된다'는 메시지였습니다. 그것은 무의식의 지하 감옥에 확실히 들어앉을 것 같고 처세술에 따라 행동하는 사람들의 도구 상자에 들어갈 것 같은 메시지였습니다. 평생 배워야 할 가르침은 아니지만, 실로 강력하고 영악한 가르침이 아닐 수 없습니다. 우리가 매일 만들어 가고 매일 우리를 만들어 가는 세상이 저 가르침이 제시하는 인생 전략의 척도가 되지 않도록 하기 위해 우리는 뭔가를 하지 않으면 안 됩니다.

지구의 일부를 '우리'와 '저들'로 나누는 것은 적어도 인류라는 종이 출현했을 때부터 시작된 일입니다(물론 나는 그보다도 훨씬 더 오래전부터 시작되었다고 생각하지만 말입니다). 그런데 누가 '우리'이고 누가 '저들'인지를 구분하는 것은 그 역사가 훨씬 더 짧으며 자연이라는 영속적 재료를 특정한 시대의 문화가 재활용해 만들어 낸 것입니다. 월드컵을 위해 건설된 경기장에서 열린 2014년 브라질 월드컵은 바로 그러한 재활용의 최신 사례입니다. 내가 이미 다른 곳에서 밝혔듯이, 이러한 재활용품은 계속된 종교 전쟁으로 갈수록 심해지는 끝없는 대학살을 종식시키기 위해 1555년 아우구스부르크 화의에서 잉태되었습니다. 그리고 1648년 뮌스터와 오스나브뤼크에서 태어나면서(구교와 신교 간의 30년 전쟁을 종식시키기 위해 체결된 베스트팔렌 조약을 가리킴 — 옮긴이) '통치자의 영토에는 통치자의 종교'라는 세례명을 받았습니다. 그로부터 2백 년 뒤에 '민족들의 봄'*으로 역사에 기록된 1848년 혁명 때 견진 성사를 받았습니다. 이때는 '종교'가 빠진 자리에 '민족'이 들어가 세례명이 약간 달라졌습니다. 그 후 저 재활용품은 1919년에 열린 베르사유 평화 회의를 주재한 우드로 윌슨Woodrow Wilson의 민족 자결주의를 통해 전 세계로 퍼져 나갔습니다. 이 1919년을 전후로 30년에 걸쳐 국민국가들 간에는 대량 살육(제1·2차 세계대전 — 옮긴이)이 벌어졌었죠. 어쨌건 이때로부터 거의 백 년쯤 뒤인 2014년에, 저 재활용품은 전 세계의 TV 네트워크 앞에서 전 세계적인 오락으로 재연되었습니다. 이것이 4세기에 걸쳐 사람들을 '우리'와 '저들'로 갈라놓은 문화적 재활용의 역사, 아우성과 분노로

---

* 민족들의 봄 : '국민국가들의 봄'이라고도 한다. 프랑스 2월 혁명을 비롯하여 빈 체제에 대한 자유주의와 전 유럽적인 반항 운동을 모두 일컫는 유럽 혁명을 가리킨다. 통상 1848년 혁명이라고 부른다.

가득 찬 4백 년 동안의 이야기의 끝일까요? 총성이 아니라 저 환호성과 한숨과 탄식이 이 역사, 이 이야기의 끝일까요? 혹시 사람들을 '우리'와 '저들'로 갈라놓는 저 문화적 생산물은 지금까지 수억 명의 군인을 죽이고 그만큼의 미망인과 고아를 만들어 내고도 아직 악을 행할 힘이 남아서 '적'의 축구 선수의 다리나 갈비뼈를 부러뜨리는 정도로는 만족하지 못하는 것은 아닐까요? 어쩌면 지금 우리가 보는 것은 젖어 있는 감정의 화약을 말리는 연습에 불과한 것은 아닐까요? 전 세계의 경기장 대신에 전 세계의 전장에서 펼쳐지는 빅 매치를 위한 훈련은 아닐까요?

2

문학을 통한 구원

우리는 문학·영화·노래·그림 등 '예술'이라고 부르는 모든 창작물
에서 개인적으로 구원을 모색하고 발견할 수 있다. 하지만 그것이
실천적으로 어떤 의미가 있을까?

지그문트 바우만에게

어제 아침에 에랄도 아피나티Eraldo Affinati 작가를 만났습니다. 그의 최근작 《재수생 예찬Elogio del ripetente》[1]에 관해 그와 이야기를 나누는 중에, 당신이 《부수적 피해Collateral Damage》[2]의 서문에서 한 말이 떠올랐습니다. 《부수적 피해》의 기본 주제는 의심할 여지없이 명백했습니다. 당신은 우리가 바로 눈앞에 있는 것들을 알아보지 못하는 일이 얼마나 자주 일어날 수 있는지에 대해 여러 차례 이야기합니다.

전기 회로에 과부하가 걸리는 순간 가장 먼저 망가지는 부품은 처항력이 가장 약한 부분인 퓨즈이다. (…) 다리는 경간의

평균 강도를 초과하는 하중이 걸리는 순간에 붕괴되는 것이
아니다. 그보다 훨씬 전에 가장 약한 경간의 지지력을 넘어서
는 하중이 걸리는 순간 붕괴된다.[3]

당신은 엔지니어와 유지·보수 관리자가 설계와 시험 단계
에서 많은 주의와 정확성을 기해야 하는 이유가 부주의라는
것이 "재난이 발생하고 난 후에, 즉 부주의로 인한 인명 피
해와 막대한 복구 비용을 고려하게 될 때"에야 비로소 확인
되기 때문이라고 말합니다. 이어서 그런 "상식적인 진리를
다른 어떤 구조물보다도 훨씬 더 심각하게 망각하거나 감추
고 무시하며 경시하거나 심지어 대놓고 부인하는 구조물이
있다. 바로 사회이다"라고 덧붙입니다.[4]

평균 소득과 오직 소비 관련 변수만을 평가 척도로 삼는
사회는 이 척도에 미달하는 밑바닥 계급underclass*을 국외
자·방관자로 살아가게 만듭니다. 그들은 일종의 "이물질 (…).
잘라내는 것이 최선이지만 그럴 수 없을 경우에는 인위적으
로 증식을 늦추거나 저지해야 하는 암세포 같은 것"[5]이 되어
버립니다.

리처드 세넷이 《투게더Together》에서 말하고 있듯이,[6] 이

---

* 밑바닥 계급 : 계급 체제의 바깥에 있고 그 체제 내로 재진입할 가능성이
없는 구제불능의 불필요한 사람들을 가리킨다. 역외계급이라고도 한다.

'부수적 피해자'의 대부분을 차지하는 가난한 사람들은 이미 학교를 다닐 때 자신들이 한갓 소모품에 지나지 않는다는 사실을 뼈저리게 느끼기 때문에 학교나 사회에서 성공하는 것보다 갱단에 가입하는 것을 선호합니다. 아피나티의 책의 주인공들은 바로 이런 불행한 아이들입니다. 아피나티는 이탈리아에서 유명한 인물이고, 그의 책은 아직 영어로는 번역되지 않았지만 몇 개 국어로 번역되었습니다.

'일반' 중학교의 교사였던 아피나티는 대학 진학이 극히 힘든 수준의 학생들이 다니는 매우 여건이 안 좋은 직업학교로 자진해서 전근을 갔습니다. 아피나티는 "증가하는 사회적 불평등과 '부수성'(정당한 정치적 의제로 인정받지 못하는 주변성, 외부성, 처분 가능성)의 지위로 강등된 인류 고통의 증가라는 두 요인으로 이루어진 폭발성 혼합물은 현세기에 인류가 직면하고 처리하고 해결해야 할 많은 문제 중 최대의 재앙을 초래할 수 있는 모든 특징을 띠고 있다"[7]는 당신의 말씀을 가슴 깊이 새기고 있는 듯합니다.

아피나티는 불평등은 정의롭지 못하다는 생각이 강합니다. 그는 합격 점수가 획일적인 기준들에 따라 정해지는 것을 보면서 학교가 관료화되어 있다는 사실을 뼈저리게 느낍니다. 그가 보기에, 이런 기준들은 지극히 불공정합니다. 동화책을 읽어 주는 좋은 부모 밑에서 책과 사랑과 관심 속에 자란 학생이 받은 합격점은, 자식들은 거의 신경도 쓰지 않고 사투리를 쓰고 문화와 거리가 멀다는 점에서 나쁜 본보기라고 할 수 있는 별거 중인 부모 밑에서 모든 것을 위해 필사적으로 싸워야 했던 아이가 받은 합격점에 비하면 훨씬 떨어지는 성과라고 할 수 있습니다. 그래서 아피나티는 다른 훌륭한 교사들과 함께 가장 취약하고 가장 무방비 상태이며 가장 박탈당한 아이들과 함께하기로 결심했습니다. 그는 1년을 더 재수해야 하는 학생이 실패의 운명을 피하기 위해 필요한 것은 대개의 경우 간단한 변화, 한 걸음, 대안이 있다는 생각뿐이라고 말합니다.

> 밑바닥에서 시작하는 사람은 누구나 약간의 도움만 있으면 위로 올라갈 수 있다. 대체로 사람들은 아주 약간의 변화조차도 거부한다. 바로 그렇기 때문에 우리는 아주 미미한 개선이라도 알아보고 인정해 주어야 한다. 물론 재수생은 그 정도에 만족하지는 않는다. (…) 하지만 결과를 보기 전이라도 그런 변화의 움직임에 보상을 해 주어야 한다.[8]

아피나티의 부모는 두 분 모두 고아이고 문맹이었습니다 (어머니는 강제 수용소에서 기적적으로 살아남은 생존자였고, 아버지는 노점상이었다고 합니다). 그래서 아피나티는 부모님의 도움 없이 시장 가판대에서 싸게 파는 책들을 직접 사서 읽으면서 문학의 즐거움을 알게 되었습니다. 그가 맨 처음 읽은 책은 헤밍웨이였습니다. 헤밍웨이는 모험의 짜릿함을 알게 해 주었습니다. 그 후에는 톨스토이와 도스토옙스키에 푹 빠졌습니다. 그는 자신이 운이 좋았다고 생각합니다. 하지만 그는 생각하지 않는(따라서 판단할 자유가 없는) 삶을 살 수밖에 없는 소년·소녀들에 대한 생각을 떨칠 수 없었습니다. 마침내 그는 그런 소년·소녀들을 위해 행동하는 사람이 매우 중요하다는 사실을 깨닫게 됩니다.

> 교사는 내적 모험의 전문가, 시간의 장인, 청춘의 카드 딜러이다. 가르침이 잘 이루어지면, 교사의 마음속에는 학생들이 있고 교사는 항상 학생들 모두를 기억한다. 교사는 학생들을 교사라는 존재의 베이스 드럼 앞에서 박자를 맞춰 드럼을 치는 어린 드러머들처럼 기억한다. 학생들도 결코 교사를 잊지 못한다. 그들은 마치 교사를 아버지의 대역인 듯이, 주인공을 대신해 위험한 액션 장면을 소화하는 스턴트맨인 듯이 기억한다. "안 돼"라고 말하는 것이 반드시 좋은 것은 아니다. 하지만 가끔은 "그렇게 해"라고 계속 이야기하는 것보다 "안 돼"라고 말하는 것이 더 중요할 때가 있다. 요즘 아이들은 극복해야 할 장애물이 없는 내용 없는 공허한 변증법 속에 있다. 아름다움·건강·부에 특권을 부여하는 사회에서 진지함과 절제와 집중력의 가치를 아이들에게 일깨워 줄 수 있는 것은 오직 교사들뿐이다.[9]

오늘날과 같은 환경에서 학생들에게 책을 좋아하도록 만들려는 것은 동의할 수 없는 시대착오적 고집으로 보입니다. 아니, 그런 시도를 하는 사람 자신이 오히려 겸연쩍어할 만한 일에 가까운 듯합니다. 가난한 학생인 로렌치노가 그랬듯 책을 읽는 것은 거의 고통에 가까운 불편한 조건에서 해야 하는 몹시 힘든 일입니다.

처음에 책을 읽는 것은 마치 남극에서 불을 붙이는 것과 같다. 최초의 독서는 책과의 친밀함을 데우지도 못하고 불피우지도 못한다. 최초의 독서의 불꽃은 곧 꺼져 버리고, 그는 아무도 없이 혼자 남겨진다. 그는 마치 자신이 지구상에서 소설을 읽은 최초의 인간인 듯이, 소설을 공유할 사람이 아무도 없는 듯이 소설을 대한다. 소설은 그가 주머니에 넣은 채 여전히 그 자리에 있다는 것을 확인하기 위해 종종 만져 보는 다이아몬드 원석처럼 보인다. 그는 친구들에게 자신이 읽은 소설에 대해 이야기하는 것을 꺼린다.[10]

깨달음은 어떤 사람이나 경험과 일체감을 느낄 수 있을 때 얻을 수 있습니다. 폴란드 소녀 소니아처럼 말입니다. 그녀는 커다란 미소만큼이나 책 읽는 것을 싫어하는 학생이었습니다. 그녀의 선생님은 러시아의 위대한 작가 바를람 샬라모프Varlam Shalamov의 《콜리마 이야기Kolyma Tales》에 실린 단편 소설 〈목수들〉을 읽어 주었습니다. 그 가운데 강제 노동 수용소의 죄수들이 날씨가 얼마나 추운지를 정확히 계산하려고 애썼다는 내용을 듣고, 그녀는 전쟁이 벌어진 시기에 늘 동상에 걸린 다리로 힘들어했던 자기 할아버지를 떠올립니다.

중개자는 학생들을 객체가 아닌 주체로 대할 마음을 갖고 있어야 합니다. 그래야 학생들과 함께할 수 있고 학생들이 안고 있는 문제를 파악해 해결을 시도할 수 있고 논쟁이 물리적 충돌로 번질 위험도 감수할 수 있습니다. 예를 들어, 아피나티는 완전히 난장판인 교실에서 학생들의 조롱과 야유를 받자마자 주동자인 학생과 맞섰습니다. 프란치스코 교황이 부에노스아이레스의 대주교로 있을 때, 그는 종종 '빌라 미제리아스'라고 알려진 판자촌을 예고 없이 혼자 도보로 찾아가 주민들과 대화를 나누곤 했습니다.

라몬 안토니오 가르시아는 부에노스아이레스에 사는 투명인간 중 한 명이다. 그는 콜이 있으면 택시로 운행할 수 있는 허름한 승용차를 몰아 생계를 꾸려 나간다. 그는 부에노스아이레스를 에워싸고 있는 판자촌을 여행하려는 모험가들에게 서비스를 제공한다 (…). 그들은 대개 기자나 관광객으로 바이레스에서 가장 험하고 가장 외진 곳들을 둘러보고 싶어 한다.

혼자 판자촌에 들어가는 것은 너무 위험하기 때문에, 그들은 가르시아에게 전화를 한다. 가르시아는 "이곳에서 사람 목숨은 파리 목숨이나 다름없어요. 페소 한 줌만 주면 누구라도 죽일 사람들이 언제나 있어요."라고 말한다. 그렇기 때문에 가르시아는 베르고글리오(교황의 본명 — 옮긴이)를 보았을 때 말문이 막혔다. 그는 부에노스아이레스의 대주교이자 추기경이 그런 곳을 찾아와 사람들과 대화를 나눈다는 사실을 그때까지 전혀 몰랐기 때문이다.[11]

프란치스코 교황도 교사였습니다. 1970년대에 그는 대학에서 교수로 있으면서 비틀즈의 노래를 연주하는 밴드의 결성을 후원했고, 여성들에게 대학이 주최하는 연극 행사에 참여할 기회를 제공했으며, 호르헤 루이스 보르헤스와 함께 창작 강좌를 개설하기도 했습니다. 이는 문학이 어떻게 진정한 구원의 길이 될 수 있는지를 보여 줍니다.

리카르도 마체오에게

"교사는 내적 모험의 전문가, 시간의 장인, 청춘의 카드 딜러이다." 참으로 아름답고 생생하며 정확한 표현입니다! 정곡을 찌르는 표현이 아닐 수 없습니다.

그런데 교사는 어떤 카드들을 나누어 주는 것일까요? 그 카드들은 아마르티아 센과 마사 누스바움의 표현에 따르면 '역량들capabilities'입니다.[12] 더 구체적으로 말하면, 어느 정도 존엄하고 생산적이며 만족스러운 삶을 살아가기 위한 필요조건인 동시에 충분조건이라고도 할 수 있는 기능과 성향입니다. 예를 들면 감각, 상상, 사고, 감정, 실천 이성, 사교성, 관계의 기술과 의지 같은 것들입니다. 감각은 세상에서 보이는 것과 들리는 것에, 세상이 줄 수 있는 것에, 세상 사람들에, 세상 사람들이 줄 수 있는 것에, 세상 사람들이 자신들의 약속을 지킬 수 있기 위해 필요로 하는 것에 활짝 열려 있는 눈과 귀를 가리킵니다. 상상과 사고는 무엇보다도 상상하고 생각할 줄 아는 능력, 선택지들을 식별하고 그중에서 선택하고 그 선택을 고수하고 실행하며 끝까지 버텨 내기에 충분한 결의를 불러일으킬 수 있는 능력입니다. 감정은 무관심, 모욕, 범죄, 격하, 존엄성 부정, 창피 주기 같은 악들에 분노하고 맞서 싸우면서 다른 사람들을 사랑하고 돌보는 능력입니다. 실천 이성은 마음속으로 좋은 삶의 모델을 그리면서 그런 삶을 위해 헌신하겠다는 굳은 결의를 다지는 능력입니다. 사교성과 관계의 기술 및 관계의 의지는 다른 사람들과 함께 살아가고 다른 사람들의 행복을 생각하면서 자신의 삶을 살아가는 데 필요한 기술과 지식을 가리킵니다. 달리 말하면, 서로의 필요·가치·태도를 이해하려는 욕망과 의지이자 서로가 만족할 만한 생활방식을 협의하고 그러한 생활방식이 요구하는 자기 제한과 자기희생을 기꺼이 받아들이는 태도를 가리킵니다.

선풍적인 인기를 끈 〈가장 약한 고리The Weakest Link〉*

---

* 가장 약한 고리 : 탈락해야 할 사람을 가리키는데, 참가자들의 다수결 투표로 결정된다.

라는 TV 퀴즈 프로는, 이 프로에 중독된 수백만 명의 시청자들에게 가장 약한 고리들을 게임에서 자격 박탈하고 제거하고 배제하라는 메시지를 보낸 것이나 다름없었습니다. 반면에 아피나티는 사회의 '가장 약한 고리들'을 가르치는 길을 선택했습니다. 가장 약한 고리들은 앞서 열거한 역량들도 부족하고 그런 역량들을 갖출 기회도 없습니다. 그러므로 그들은 '메타 역량', 즉 다른 사람에게 접근할 수 있는 역량과 그러한 접근에 대한 욕구 자체를 놓치고 있습니다. 대부분의 경우, '가장 약한 고리들'은 자신들이 그런 역량과 욕구를 놓쳤다는 사실을 알아채지도 못하고 자신들이 놓친 경험의 가치를 알아볼 기회도 전혀 없습니다. 그들이 무감각하고 냉혹한 소비주의 사회의 방송 시스템으로부터 그리고 '변두리 지역'(그들이 내던져진 공간이자 그들이 거주하도록 허용된 유일한 공간)에 사는 다른 거주자들(방송 시스템이 내보내는 사이렌의 노래에 이미 홀린 사람들)로부터 듣는 것이라고는 '원하라-원하라-원하라, 사라-사라-사라, 버려라-버려라-버려라'고 하는, 부름과 유혹과 속임수와 명령이 하나로 뒤섞인 메시지뿐입니다. 2011년 런던에서 가난하고 낙후된 지역인 루이셤구에 사는, 좌절과 분노에 휩싸인 '결함 있는 소비자들'이 대규모 폭동을 일으켰습니다. 이 폭동의 영향으로 3년 전에 쓴 글에서 나는 다음과 같이 말했습니다.[13]

요람에서 무덤까지, 우리는 상점들을 자기 삶과 인생 전반에 존재하는 모든 질병과 고통을 치료하거나 완화해 줄 약들로 가득 찬 약국으로 생각하도록 훈련된다. 그리하여 상점과 쇼핑은 그야말로 종말론적 차원을 획득한다. 사회학자 조지 리처George Ritzer의 명언처럼, 슈퍼마켓은 우리의 사원이다. (…) 나는 쇼핑한다, 고로 존재한다. 쇼핑을 하느냐 마느냐, 그것이 문제로다. (…) 자격 미달을 이유로 소비자의 교회에서 파문된 사람들에게 슈퍼마켓은 유배지에 세워진 적들의 전초기지이다. 삼엄한 경계하에 있는 성벽은 다른 신도들을 추방되지 않게 보호해 주는 상품에의 접근을 가로막는다. (…) 쇠창살과 블라인드, CCTV가 출입구를 지키고 있고, 건물 내부의 경비원은 교전 중인 전쟁터 같은 분위기를 더할 뿐이다.

소비주의 사원의 종탑에서는 밤낮을 가리지 않고 매일같이 요란스러운 종소리가 울려 퍼집니다. 귀를 막아도 소용없습니다. 귀청이 터질 듯한 종소리의 소음으로부터 숨을 곳은 없습니다. 종을 치는 사람들은 특별히 가리는 것이 없습니다. 종은 모든 계층의 순례자들을 끌어들이기 위한 것입니다 (아마도 우리 소비자 사회의 모든 주민들에게 차별 없이 진심으로 부여된 유일한 평등일 것입니다). 그러나 사원 안에는 아마르티아 센과 누스바움이 말하는 역량들의 영광을 위한 제단도 없고 소박한 묵주조차도 없습니다. 잃어버린 역량들을 찾는 사람들이여, "사원에 들어오는 자들이여, 모든 희망을 버려라."
하지만 사람들은 사원 방문을 포기하지 않습니다. 또한 사원
에 들어갈 수 있는 허락을 받으려 애쓰는 일도 그만두지 않
습니다. 사원을 방문하는 것은 의무이지 자기 마음대로 방문
하거나 말거나 할 수 있는 권리가 아닙니다. 소비자의 의무
를 다하기에는 미흡해서 심사를 통과하지 못하는 사람들은
주인과 경비원에 의해 입장을 거부당할 수 있습니다. 하지만
자기 의지로 예배 참석을 회피하거나 대충 참석할 권리는 그
누구에게도 없습니다. 아피나티가 가르치기로 선택한 사람
들은 소비자 교회의 이단자입니다. 다만 그들은 자기 스스로
이단자이기를 선택한 것이 아니라 교회의 무결성을 감독하
는 종교재판소가 이단자로 판정한 사람들입니다.

비토리오 데 시카Vittorio de Sica의 걸작 영화 〈밀라노의
기적〉(1951)에서 지혜롭고 인정 많은 노부인 롤로타는 배추
밭에 버려진 아기 토토를 발견해 직접 기릅니다. 몇 년 후 그
녀가 죽자, 토토는 고아원으로 보내집니다. 18살 생일날에
토토는 고아원을 나와 다 쓰러져 가는 허름한 천막이 늘어선
밀라노 인근의 땅을 무단으로 점거한 집 없는 빈민들과 함께
살게 됩니다. 그런데 죽은 롤로타의 영혼이 토토에게 놀라운
선물을 줍니다. 그것은 누구의 소원이든 다 들어주는 마법의
비둘기였습니다. 다정하고 인정 많은 토토는 불행한 처지에

UN FILM DI VITTORIO DE SICA
MIRACOLO a MILANO
DA UN SOGGETTO DI
CESARE ZAVATTINI

밀라노의 기적Miracolo a Milano

놓인 동료들에게 소원을 말해 보라고 합니다. 그러나 '남들보다 한발 앞서가기'(다른 사람보다 더 많은 점수를 얻는 것) 위해 치열하고 무자비하게 경쟁하는 볼썽사나운 광경만 펼쳐집니다. 빈민들은 방금 전에 받은 모피 코트를 한두 벌 더 달라고 하기도 하고, 앞 사람이 받은 돈의 두 배를 달라고 하기도 합니다. 그게 무엇이든 네가 받는 것보다 더 많이 받고 싶다는 것이죠. 그러던 중 그 땅에 엄청난 양의 석유가 매장되어 있다는 사실이 우연히 밝혀지면서, 그 땅을 무단으로 점거하고 있던 빈민들은 유정을 위한 공간을 마련하기 위해 체포되어 수감됩니다. 그런 다음, 이 이야기에서 등장하는 진짜 기적이자 마지막 기적, 모든 기적 중에서 가장 기적다운 기적이 일어납니다. 감옥에 갇히는 것도 피하고 자신들의 탐욕 — 불행히도 그들을 더 행복하게 만들어 줄 수 없었던 탐욕 — 에서도 벗어나기 위해, 빈민들은 도시 광장 청소부들이 빌려준 빗자루를 타고 날아가 버립니다. 어디로 갈까요? 목적지와 거기에 이르는 수단을 찾는 것이야말로 분명 이 기적에서 가장 까다롭고 힘든 부분이었을 것입니다.

결국 내가 하고자 하는 이야기는 다음과 같은 것입니다. 인간이 존엄하고 만족스러운 삶을 살기 위해서는 센과 누스바움이 제시하는 역량들을 갖추고 사용하는 능력이 필수적인데, 지금과 같은 사회에서 그런 역량을 획득하고 숙달하고 알맞게 사용할 가능성은 별로 없습니다. 또한 저 역량들이 공평하게 분배될 가능성도 별로 없습니다. 나는 오늘날 모든 사회적 불평등의 근저에 이 특별한 재화들의 극심한 불평등 분배가 자리하고 있다고 생각합니다. 당신이 말하는 이상적인 교사가 공평하게 나누어주어야 할 카드들은 잘 알려져 있듯이 공급이 부족합니다. 그러나 역량 같은 재화는 그 본성상 수요와 공급의 게임에서 제외되었어야 합니다. 역량은 쓸수록 줄어드는 것이 아니라 오히려 늘어나는 경향이 있기 때문입니다. 지금은 거의 잊힌 옛 미국 속담처럼, 너와 내가 서로에게 1달러를 주면 각자의 수중에 1달러가 있을 뿐이지만, 너와 내가 서로에게 생각을 하나 주면 각자 두 개의 생각이 있게 됩니다. 하지만 오늘날 헤게모니를 쥐고 있는 소비지상주의 증후군은 한발 앞서가기 전략을 수호하는 일에 경쟁적 시장들의 도움과 선동을 동원함으로써 역량들의 획득과 숙달을 제로섬 게임으로 만들어 버렸습니다.

이상적인 교사는 더없이 열악하고 대단히 적대적인 환경에서도 인간적인, 지극히 인간적인 역량들을 키워 줄 수 있다(키워 주려고 열심히 노력할 것이다)는 데 나도 동의합니다. 그는 때로는 성공을 거둘 수도 있습니다. 온갖 종류의 '낙후 지역들', 이를테면 '카르티에quartier'(프랑스의 구區 — 옮긴이)와 '파벨라favela'(브라질의 빈민가 — 옮긴이) 같은 도시 빈민가들에는 발견되기를 기다리는 많은 로렌치노들이 있습니다. 물론 그들이 아피나티와 같은 사람들에 의해 발견되기를 꿈꾸는 일은 결코 없지만 말입니다. 로렌치노 같은 아이들이 발견되는 일이 얼마나 될까요? 왜 그런 일은 늘 극히 드물게만 일어나는 것일까요? 다양한 종류의 극심한 불평등에 시달리는 사회에서 이 세상의 로렌치노들에게 배정된 자리가 그들의 운명을 완전히 결정하지는 않습니다. 하지만 그것은 그들의 선택들의 통계적 확률과 성공 가능성의 통계적 확률을 조작합니다. 우리 주변에 아피나티가 더 많을수록, 로렌치노들은 더 많이 발견될 것이고 격려와 도움으로 잔인한 운명에서 벗어날 수 있을 것입니다. 그러나 사회적으로 생산되고 끝없이 재생산되는 문제들에 대한 개별적 해결책을 찾는 데만 골몰한다면, 아피나티들이 할 수 있는 일에는 한계가 있습니다. 그 한계들을 뛰어넘기 위해 아피나티에게는 토토의 마법의 비둘기가 필요합니다.

그렇습니다. 우리는 문학·영화·노래·그림 등 우리가 '예술'
이라고 부르는 모든 창작물들에서, 말하자면 토토의 궁핍하
고 게으른 노숙자들처럼 집 없는 집 — 유정을 위해 징발된
저 황량한 땅의 가혹한 현실 — 을 벗어나 날아갈 수 있는 상
상력의 산물에서 개인적으로 구원을 모색하고 개인적으로
구원을 발견할 수도 있습니다. 하지만 그것이 실천적으로 어
떤 의미가 있을까요?

3

진자와 칼비노의 비어 있는 중심

현대 사회의 구조는 갈수록 극도로 복잡해지는데, 그 구조는 비어 있는 중심을 향해 끌려가며, 바로 이 비어 있는 중심으로 모든 권력과 가치가 모인다. _이탈로 칼비노

지그문트 바우만에게

당신은 《사회학의 쓸모》에서 전근대(또는 구체제), 근대, 오늘날의 액체 현대 같은 단계들이 서로의 단계에서 끊임없이 모습을 드러낸다는 점에서 서로 공존하는 것이지, 서로 분리되어 있는 독립적인 것이 아니라고 말합니다.

교육계에서 일하는 사람으로서 내가 장 피아제Jean Piaget의 엄청난 이론을 접했을 때 아동의 발달 과정에서 각 단계가 칼로 베듯 구분된다는 점이 눈길을 끌었습니다. 브루너 Bruner*의 이론도 지식의 축으로부터의 발전과 변화를 비슷

---

* 브루너(1915~2016) : 인지 발달과 발견 학습에 관한 이론을 제시한 미국의 심리학자.

한 방식으로 규정합니다. 하지만 새 단계에서 진행되는 변화는 그전의 모든 학습 방식들을 치워 버릴 만큼 급진적이지 않습니다. 프로이트 이론을 보면 구강기 다음에 항문기, 항문기 다음에 가장 성숙한 단계인 성기기가 이어지지만, 구강 충동과 항문 충동은 한 사람의 일생 동안 계속 공존합니다. 이는 사회학에서도 마찬가지라고 생각합니다. 만일 당신의 책을 읽지 않았다면, 그러한 생각은 결코 떠오르지 않았을 것입니다. 《사회학의 쓸모》에서 키스 테스터와 미카엘 흐비드 야콥슨[1]이 노스탤지어가 당신에게 어떤 의미가 있느냐고 묻자, 당신은 세상일은 선형적이지 않고 진자처럼 움직인다고 말합니다. 그러면서 전에 존재했던 것은 새로운 사태에서는 사라지고 없고, 우리는 변화가 일어나고 나서야 비로소 전에 존재했던 것이 사라지고 없다는 것을 알아차린다고 말합니다. 그러므로 지금 우리가 다루고 있는 것은 더 이상 존재하지 않는 것에 대한 노스탤지어가 아닙니다. 지금 우리가 다루고 있는 것은 한편으로는 우리가 더 이상 존재하지 않는 것을 사후적으로만 알아차린다는 사실에 대한 노스탤지어인 동시에, 더 이상 존재하지 않는 것이 그럼에도 불구하고 불가피한 혼종과 융합을 통해 영원히 환상으로 남아 생성 중인 상태에 있도록 운명 지워진 구성물이기 때문에 갖게 되는 노스탤지어입니다. 당신이 13년 전에 키스 테스터와의 대화에서 "먼저 포스트모던이 되지 않고는 진정으로 모던이 될 수 없다"는 리오타르의 경구를 정말로 좋아한다고 말씀하신 것은 바로 이런 이유 때문이 아닐까 합니다.[2]

레이몽 아롱의 딸로 사회학자이자 정치학자인 도미니크 슈나페르는 최근에 출간된 저서[3]에서 오늘날 호모 데모크라티쿠스Homo democraticus가 학교나 사법 같은 제도적 영역에서조차 자신들이 따라야 할 규칙을 스스로 선택하고 싶어 할 정도로 무제한적 복지를 추구하는 근본주의적 버전의 '극단적 민주주의'를 주장함으로써 초래되고 있는 위험들을 제시한 바 있습니다. 이를테면 베를루스코니Berlusconi가 자신을 위해 만든 끔찍하기 이를 데 없는 개인화된 법들이 아니라 웹에서 확산되고 있는 오성 운동Five Star Movement*이 가하는 것과 같은 무절제하고 과도한 급진적 비판 말입니다. 오늘날 우리는 일반화된 히스테리에 직면하고 있습니다. 구성원들의 자유를 해치지 않으면서 개인의 자유를 확립할 수 있는 온갖 종류의 게마인샤프트도 사라지고 또한 머리로 상상한 것과 달리 실제로는 진정한 커뮤니티와 동떨어진 사회라는 이유로 게젤샤프트도 사라지게 되면서, 일반화된 히스테리

* 오성 운동 : 코미디언 출신의 정치인 베페 그릴로가 2009년에 만든 이탈리아의 급진 좌파 대중주의 정당. 여기서 '오성', 즉 다섯 개의 별은 공공 수도, 지속 가능한 교통수단, 지속 가능한 개발, 인터넷 접속 권리, 생태주의 등 이 정당이 추진하는 5개의 이슈를 의미한다.

속에 사람들은 무기력하면서도 냉담해지고 있습니다.

　모이세스 나임도 《권력의 종말》[4]에서 슈나페르와 비슷한 이야기를 합니다. 이 책은 특히 웹 덕분에 거대 권력에 대항할 가능성이 더욱 많아진 마이크로파워(미시권력 — 옮긴이)에 대해 다룹니다. 마르코 벨폴리티Marco Belpoliti도 '반란군, 군소 정당, 혁신적인 스타트업, 해커, 대중적 지도자가 없는 청년들, 뉴미디어, 어디선가 갑자기 튀어나와 기존 질서를 뒤흔드는 카리스마적 인물' 등에 대해 이야기합니다. 이밖에도 그릴로Grillo와 카살레지오Casaleggio 그리고 이들이 이끄는 오성 운동이라든가 어산지Assange의 위키리크스 같은 것이 있습니다. 이런 것들을 생각하다 보니, 이탈로 칼비노Italo Calvino가 40년 전에 일간지 《코리에레 델라 세라Corriere della Sera》에 쓴 글이 생각납니다. 그 글은 이렇게 끝납니다. "현대 사회의 구조는 갈수록 극도로 복잡해지는데, 그 구조는 비어 있는 중심을 향해 끌려가며, 바로 이 비어 있는 중심으로 모든 권력과 가치가 모인다."[5]

　나는 칼비노의 이 말이 글로벌 강대국들은 재급유를 위해 중간 기착지가 필요하다거나 점점 더 불안정성이 높아지는 새로운 균형을 수립하는 데 어떤 원인이 가장 큰 영향력을 행사할 것인지를 사전에 정할 수 없을 정도로 영향들이 소용돌이처럼 서로 복잡하게 얽혀 있다는 당신의 주장과 궤를 같이한다고 생각합니다.[6] 또한 당신이 키스 테스터와 나눈 대화의 한 대목도 '비어 있는 중심'이란 말을 연상시킵니다.

나는 21세기에 우리가 직면하게 될 위험은 전체주의적 강압 — 방금 일어난 일에 대한 강박적 집착 — 이 아니라 '총체성' — 인간 사회의 자율성을 보장할 수 있는 — 의 붕괴일 것이라고 생각합니다. (…) 우리는 '총체성'이 풀려나 폭주할 때 초래되는 위험을 뒤늦게 이제야 고통스럽게 깨닫고 있습니다.[7]

리카르도 마체오에게

모든 종류의 발전이나 생성은 연속과 불연속의 뒤얽힘입니다. 발전/생성하는 것의 모든 스냅 사진은 말하자면 여러 층으로 이루어진 팔림프세스트palimpsest*같은 것입니다. 팔림프세스트를 이루고 있는 많은 층 중에서 전에 쓴 글자가 완전히 지워진 층은 극히 일부에 지나지 않습니다. 대부분은 위의 칠 밑에 완전히 겹쳐진 상태로 숨어 있거나 새로운 칠을

---

* 팔림프세스트 : 이미 적혀 있는 글자를 지우고 새로운 글자를 쓴 탓에 이전 글자가 새 글자에 겹쳐 보이는 양피지.

했는데도 비쳐 보입니다. 또한 위치가 바뀌어 다른 것과 합쳐진 것도 있고 일종의 프로이트적 '무의식'에 저장되어 당장은 보이지 않지만 원칙적으로는 복구할 수 있는 상태로 존재하는 것도 있습니다. 거시적 현상과 미시적 현상도 이와 비슷합니다. 아주 촘촘하고 단단하게 뒤얽혀 있는 것, 즉 혼재되어 있는 것에 대해 불연속의 평결을 정당화해 줄 중간 휴지caesura*를 찾아 제시하는 것은 대개 '본질적으로 논란을 불러일으키는' 일입니다. 그 중간 휴지를 정당한 것으로 받아들이느냐는 결국 관행에 달린 문제이고, 따라서 언제든 의문에 부쳐지고 수정될 수 있습니다.

나는 연속과 불연속이 가장 중요하고 절대적인 대립이라는 오랜 가정을 버리는 것이야말로 인간의 세계 인식의 역사상 획기적인 분수령 중의 하나에서 본질적인 부분이었다고 생각합니다. 일리야 프리고진Ilya Prigogine도 '확실성의 종말'[8]이라는 제목 — 이 모든 것을 한마디로 표현한 제목 — 의 획기적인 연구/선언문에서 비슷한 이야기를 한 적이 있습니다. "고전 과학은 질서와 안정을 강조했지만, 지금 우리는 모든 관찰 수준에서 변동, 불안정, 다항 선택, 제한된 예측 가능성을 목격하고 있다." 고전적 견해에서 "자연법칙은

---

* 중간 휴지 : 영미시에서 리듬을 변화시켜 시의 강약을 조절하는 데 사용하는 기법으로 '||'나 '///'의 형태로 나타낸다.

확실성을 표현한다. 적절한 초기 조건이 주어지면, 미래를 확실하게 예측할 수 있거나 과거를 확실하게 '추론하거나 설명'할 수 있다. 그런데 여기에 불안정성이 포함되면, 상황이 달라진다. 자연법칙은 이제 가능성이나 확률의 표현이기 때문에 그 의미가 근본적으로 달라진다." "과학은 이제 더 이상 확실성과 동일시되지 않고, 확률은 무지와 동일시되지 않는다."[9]

지금까지 말한 것을 상식적으로 표현하면, 문제의 팔림프세스트는 불변의 법칙들의 작용이 여러 층에 각인된 흔적이 아니라 여러 가능성들 중에 선택된 것들이 여러 층에 각인된 흔적이라고 할 수 있습니다. 만일 검토할 수 있는 사례를 많이 얻을 수만 있다면, 통계적으로 표현될 수 있는 확률 분포를 뒷받침하는 증거뿐만 아니라 각인된 흔적도 판독해 낼 수 있을 것입니다. 하지만 언제나 그렇듯, 걸림돌이 있습니다. 저 새로운 인식과 함께, "개별적 차원과 통계적 차원 간의 등가성이 깨지게 된다." 그리고 "(집합체들의) 역학의 일반화는 (⋯) (개별적) 궤적들로 표현될 수 없다." 개별 궤적들은 "무작위적인 확률적 과정들의 결과이다."[10]

시간의 매끄러운 흐름에서 연속의 요소와 불연속의 요소를 분리하고자 할 때 우리는 어려움에 직면합니다. 그리고 이러한 어려움은 확률적 과정의 결과를 결정론적 성격을 지닌 과정의 결과로부터 분리하기 어렵다는 점 때문에 더욱 가중됩니다. 나는 다른 책에서 개인의 삶의 궤적을 결정하는 두 요인에 대해 다소 개략적으로 분석한 바 있습니다.[11] 한 요인은 우리의 호불호와 관계없이 '우리에게 일어나는' 일, 즉 운명입니다. 운명은 현실적 선택들의 범위를 규정합니다. 다른 한 요인은 성격입니다. 성격은 의도한 것이든 아니든 우리가 만드는 것입니다. 성격은 선택지 중에서 선택하는 일을 담당합니다. 물론 이 두 요인은 서로 밀접하게 뒤얽혀 상호작용하기 때문에, 둘을 완벽하게 분리하는 것은 사실상 거의 불가능합니다.

피아제는 여전히 '확실성을 보여 주는 자연법칙'을 추구하던 시대, 더 정확히 말하면 불변적이고 보편적인 것의 전형이라고 할 수 있는 '이념형들' — 즉 경험 세계의 사물들에서 '순수한' 형태로는 발견할 수 없고 그 사물들을 둘러싼 자연환경에서 추상된 이상화에서만 발견할 수 있는 특징들 — 을 수립하던 시대에 아동의 인지 발달 단계론을 만들어 냈습니다. 프리고진은 우주에서 볼 수 있는 것은 오직 비가역적 시간 과정뿐인데 왜 강력한 지성의 소유자들이 수 세기 동안이나 물리적 시간은 가역적이라는 가정을 고집했는지를 이해하려는 과정에서 진자 — 물리학자들이 주장하는 가역적 시간의 가장 대표적인 예이면서 시간이 가역적이라는 가정의 근거를 제공한 특이한 사물 — 가 '실제 세계'에 지시 대상이 없는 상상의 존재, 마찰이 중단되거나 완전히 제거된 상상의 세계에서만 가능한 존재일 뿐이라는 점을 깨닫게 됩니다. 그런데 서로 합쳐져 어떤 삶의 궤적을 만들어 내는 성격의 선택 행위들의 기초가 되는 요인, 즉 '실제 세계'라는 운명 또한 시간에 묶여 있습니다. 다시 말해 '비가역적–시간' 과정들의 지배하에 있습니다. 가능성들 중 일부는 덜 '현실적인 것'이 됨에 따라 선택될 가능성이 줄어듭니다. 따라서 확률 분포가 바뀔 것이라고 가정하는 것이 합리적입니다. 그렇게 가정하지 않는 것은 마찰이 없으면 진자가 같은 동작을 반복하면서 끝없이 지속될 것이라고 주장하는 것과 다를 바 없습니다. 그런데 피아제가 연구했던 아이들이 오늘날 학교에 입학하는 아이들과 동일한 상태(즉, 동일한 상황들의 총합)에 있었을까요? 피아제가 아동 연구를 완성한 이후에, 진자가 움직이는 방향을 이상화된 모델과 달라지게 만드는 '마찰'은 어떻게 변했을까요?

그 변화를 하나하나 모두 제시하는 것은 불가능한 일이니, 생각나는 대로 몇 가지만 소개할까 합니다. 다만 운명과 성격이라는 두 요인 각각의 본질과 두 요인의 변증법에서 많은 변화를 가져왔을 변경 사항을 중심으로 소개하도록 하겠습니다.

우선, 주로 현대인의 자아self 형성 조건들의 변화를 연구해 온 앨리 러셀 혹실드에 따르면,[12] "미혼모에게서 태어난 아기의 비율이 (미국에서) 2011년까지 태어난 아기들 중 40%를 차지하고, 미국 어린이의 절반이 적어도 삶의 일정 기간을 한부모 가정에서 보낸다." "1900년에는 결혼한 부부의 10% 정도가 이혼했지만, 오늘날에는 초혼의 경우 이혼할 확률이 40~50%이다." 심지어 재혼과 삼혼의 경우에는 더 자주, 더 빨리 이혼하는 것이 현실입니다. 따라서 운명이 만든 틀 — 혹은 지금의 사례에서는 피아제의 연구 대상 아동들의 '심리적 발달'이 이루어진 비가역적인 문화 과정의 시간 구속적 단계 — 은 거의 알아볼 수 없을 정도로 변화했습니다. 대개 어른이 없는 집에서 시간을 보내는 이른바 '래치키 키즈latchkey kids'(미국에서 계속 증가하고 있는 섹터)는 혹실드가 말하는 '외주 제작된 자아' — 사실상 삶의 거의 모든 면에서 전문적인 카운슬러가 제공하는 (대부분 구매 가능한) 서비스들을 통해 대충 만들어진 일종의 조각보 자아patchwork self — 를 개발하기에 가장 적합한 대상입니다. 아이들은 어릴 때부터 생활에 필요한 상품과 이미 정해져 있는 그 상품의 사용법에 의존하게 되고 그러한 의존도는 갈수록 커집니다. 시장에서 유용한 조언/지침의 권위는 그 조언/지침의 시장 가격으로 정해집니다. 혹실드는 '최대의 혁신'은 "이전에는 시장으로부터 지금보다 더 많이 보호되던 영역인 우리의 정서적 삶의 중심에까지 서비스가 촉수를 뻗치고 있는 것"이라고 말합니다. 시장은 "우리의 자아 이해에까지 침투했다. 개인 삶이 시장화되면서 전에는 느낌에 따라 자연스럽게 하던 일상적인 행위들 — 결혼 상대를 결정하고 아기 이름을 짓고 우리가 원하

조각보 자아

는 것을 알아내는 일 같은 것들 — 이 이제는 돈을 내고 전문가의 도움을 받아야 하는 일이 되었다." "개인의 경험을 만들어 내는 데서 우리의 역할이 사라지면서, 개인의 경험은 우리가 구매하는 상품 — '완벽한' 데이트, '완벽한' 생일, '완벽한' 결혼 등 — 이 될 수 있다".[13] 이렇게 되면 자신감이나 개인의 자율성 그리고 우리가 행사하는 전례 없이 광범위하고 다양한 개인의 자유는 손상될 수밖에 없습니다.

엄청난 규모로 빠르게 변화하는 영역이 또 하나 있습니다. 인터넷, 월드와이드 웹, '소셜' 웹사이트의 시대에 젊은 세대가 정신적 그리고/혹은 육체적으로 깨어 있는 시간의 절반

— 그 이상은 아니더라도 — 을 사람이 아닌 스크린과 함께 보내면서, 대부분의 사교 활동은 얼굴과 얼굴, 눈과 눈을 마주하는 것에서 전자적으로 매개되는 것으로 바뀌고 있습니다. 이러한 변화와 함께 인간 고유의, 그야말로 인간 고유의 세계-내-존재 방식에 반드시 필요한 사교 기술이 점차 사라져 가고 있습니다. 온라인 네트워크는 작동 방식이 쉽고 편리하다는 점에서 오프라인 공동체와 다르지만, 또한 그렇기 때문에 온라인 네트워크에서는 전자적으로 규정되고 유지되는 사람들 간의 유대가 매우 취약할 뿐만 아니라 트윗 작성과 메시지 교환에 숙달된 사람들은 갈수록 대화의 기술 — 필수적인 만큼이나 어려운 — 을 상실하게 될 것입니다.

4

아버지 문제

오늘날 물건이 더 많아지고 마음이 각박해지면서, 우리는 미스터리 자체가 미스터리의 해결보다 더 의미가 있고 강렬할 수 있다는 것을 이해하지 못한다. 남성은 상징적 차원을 거부함으로써 아버지 역할을 그만두었다. _루이지 조야

지그문트 바우만에게

정신분석학자 마시모 레칼카티Massimo Recalcati는 라캉의 가르침에서 영향을 받아 《아버지에게 남은 것은 무엇인가? 하이퍼모던 시대의 아버지》, 《텔레마커스 콤플렉스》, 《아버지들이 없는 조국》 등의 책에서 '아버지의 증발'에 대해 이야기합니다. 그는 오늘날 세계에서 아버지라는 존재가 어떻게 변했는지를 매우 설득력 있게 이야기합니다. 나는 전에 《교육에 관하여》에서 당신에게 이에 관해 이야기한 적이 있습니다. 이 문제에 관해서는 나중에 다시 다루도록 하고, 이 자리에서는 오늘날 나약하거나 아이 같거나 부재한 아버지 안에 권위적인 존재로서의 아버지라는 옛 모델이 근근이 생명을 이어가고 있다는 점에 주목하고 싶습니다. 오늘날의 아버지들에게 옛날의 아버지들 — 끔찍한 말일 수도 있지만, 엄연히 현존하는 — 의 어떤 것이 남아 있을까요?

이탈리아의 뛰어난 융 심리학자인 루이지 조야Luigi Zoja는 내가 보기에 그의 가장 중요한 저서인 《헥토르의 제스처》[1]에서 이에 대한 설명을 시도했습니다. 프로이트의 아버지가 자신의 털모자를 진흙탕에 던져 버린 상대에게 맞설 용기를 내지 못했을 때 굴욕을 느꼈다는 유명한 이야기와 이 이야기가 지그문트에게 끼친 영향을 바탕으로 말이죠. 정신분석학의 아버지 프로이트는 《아에네이드》를 읽고 아이네아스가 전투에서 자신을 지키는 명예보다 가족과 집안의 연속성을 우선시한 이유를 이해하게 되었을 때 비로소 아버지를 이해하고 용서하게 됩니다. 그는 자신과 아버지가 화해할 수 있는 계기를 제공해 준 베르길리우스(《아에네이드》를 쓴 고대 로마의 시인 — 옮긴이)에게 감사의 뜻을 표합니다. 그리고 부자 간의 화해는 프로이트가 《꿈의 해석》의 2판 서문에서 아버지의 죽음이 자신에게 미친 지워질 수 없는 영향을 언급하는 것으로 이어집니다.

문제는 자식은 모욕을 당하고도 가만있는 어머니는 거부하지 않지만, 모욕을 당하고도 가만있는 아버지는 자식으로부터 "아버지답게 행동하고 있지 않다"는 말을 들을 수 있다는 것, 그리고 사랑이나 정의만이 아니라 완력이나 폭력도 사회관계를 구성하고 있기 때문에 자식은 "아버지가 공정과 사랑의 측면에서만이 아니라 강함의 측면에서도 자신과 가깝다"고 느낄 필요가 있다는 것입니다.[2] "서양의 전통은 패자로 간주되는 공정한 아버지보다 세상 사람들에게 승리한 불공정한 아버지를 선호한다. 셰익스피어는 이러한 역설을 잘 알고 있었다. 그는 《리어왕》에서 힘과 위신을 잃고 버림받은 아버지의 원형을 창조했다."[3]

1968년 운동의 결과 중 하나는 아버지의 공격성 약화였습니다. 68세대는 권위적인 아버지상에 의문을 제기하면서 아버지는 지배적인 공격성을 버리고 다정하고 이해심 많은 친구로 자식들에게 다가가야 한다고 생각했습니다. 그러나 잘 알려져 있듯이, 약한 아버지의 자식들이 이웃의 불한당 중에서 약한 아버지를 대신할 수 있는 '강한' 아버지상을 찾는 경향도 있습니다. "아버지의 권위는 민주화되었고, 아버지의 권력은 많은 측면에서 해체되었다. 하지만 수천 년 동안 잠재의식을 지배해 온 것이 몇 세대 만에 제거될 수는 없다. 아버지가 부재하고 새로운 질서로 전환하고 있는데도 불구하고, 서구 사회는 적어도 잠재의식적으로는 여전히 가부장적 사회로 남아 있다."[4]

당신은 끔찍한 재난을 당한 개인이나 집단에 대한 지원은 지속되지 않는 경향이 있다고 《악의 자연사》[5]에서 지적했습니다. 고통스러운 상황이 너무 오래 지속되면, 사람들은 갈수록 짜증나고 귀찮은 기색을 숨기지 못하면서 피해자에게서 멀어지게 된다고 말이죠. 아버지상과 관련해서는 루이지 조야도 비슷한 말을 합니다. "특히 패자들이 존엄성을 상실함으로써 갖게 되는 반감은 극복하기 힘들다."[6]

그런데 우리가 잃어버린 아버지의 권위는 애초에 어떻게 획득된 것일까요? 루이지 조야의 이야기를 요약하면 다음과 같습니다. 동물을 마주쳤을 때 난폭한 모습을 보인 초창기 인류는 점점 세력을 키워 갔고 발견의 여행을 계속하다가 마침내 "정신이 문자 그대로의 의미에서 확장되어 자신을 투사한 자연을 모방하게 되었다. 그런 다음 자급자족의 길을 선택해 통제 체제를 마련했으며 이후 강과 제방을 다스리는 일에 매달렸다."[7] 그들은 엄청나게 많은 성관계를 맺었다. 하지만 인간의 새끼는 가장 취약했기 때문에 그들을 보호하기 위해 아주 오래전에 일부일처제가 생겨났다. 그의 말을 직접 인용해 보겠습니다.

> 배우자가 둘 이상인 자들은 혈통에서 각자의 유전적 특징을 말소시키게 되어 소멸하게 되었고 또한 너무 폭력적이라 공동체에서 추방될 위험도 있었다.

나머지 사람들은 계획적인 삶, 더 충만하지만 즉각적이지는 않은 삶을 선호해 본능 — 경쟁자에 대한 공격 본능, 암컷에 대한 성본능 — 의 즉각적 충족을 억제할 수 있었기 때문에 결국 세계의 지배자가 되었다. 이것이 아버지로서의 특징의 토대이다.[8]

이렇듯 정신적 힘 — 가족과 국가의 안녕을 확립하고 공고히 하는 데 필요한 희생을 위해 쾌락을 미룰 수 있는 힘 — 을 적에게 사용할 물질적 힘과 결합시키는 능력은 저 유명한 '청교도'에서 정점에 달했습니다. 당신도 막스 베버가 찬사를 보낸 청교도에 대해《입법자와 해석자》에서 인상적인 이야기를 한 바 있습니다.[9]

당신은《입법자와 해석자》의 많은 부분을 계몽주의를 평가하는 데 할애했습니다. 그 책의 내용에 따르면, 계몽주의 시대의 지식인들은 '계몽 전제 군주'에게 의제를 정해 주는 '입법자' 역할을 했습니다. 당시는 수많은 이론들 — 그중에 어떤 것은 오늘날에도 유효합니다 — 이 난무하고 그 어떤 것도 '진리'로 간주될 만큼 압도적이지 않은 다원적 환경이 지배하던 시대였는데도, 그들의 역할은 '해석자'로 강등되지 않았습니다. 오늘날도 많은 '진리들'이 서로 경쟁하고 있습니다. 루이지 조야는 권위의 위기가 어떻게 계몽주의와 함께 시작되었는지에 대해 말합니다. 그에 따르면, 프랑스 혁명의 선구자인 볼테르와 루소 둘 다 자기 아버지와 관계가 복잡했습니다. 흥미로운 사실이죠. 볼테르의 아버지는 볼테르를 버렸고, 루소의 아버지는 자식들에게 진정한 아버지가 아니었습니다.

> 상징적 개인의 행동에는 집단적 이미지가 숨어 있다. 언제든 아버지의 선물은 자식을 공적으로 인정하는 것이었다. 다른 가능성은 자식임을 부정하는 것이었다. 그것도 아버지의 손으로. 볼테르는 진정한 대안을 찾았다. 인정과 부정 중에 선택하는 것이라면, 그 선택을 자식이 할 수도 있다.[10]

그리하여 18세기 파리에서 가장 진보적인 여성들이 자식을 유모에게 맡기고 독서와 살롱 대화에 뛰어듦으로써 '고전적인' 어머니가 되는 조건에서 해방되는 동안, "볼테르는 바깥에 있는 아버지와 싸워 그를 파괴했고, 루소는 자기 안에 있는 아버지와 싸워 그를 파괴해 버렸습니다."[11]

그때부터 지금까지 아버지의 위기는 계속 심화되어 왔습니다. 독재적이기는 했으나 자신의 역할에는 충실했던 농민 아버지는 산업화와 함께 공장 노동자 아버지가 되고 마침내 오늘날의 아버지가 되었습니다. 산업화 시대에 공장 노동자 아버지는 자식들과 함께 있을 시간도 잃고 자식들에 대한 통제력도 상실했고, 자식들은 저녁에 술에 취해 들어와 시끄러운 TV 앞에서 시간을 보내는 아버지를 지켜보게 됩니다. 오늘날의 아버지는 점점 권위를 잃어 가고 있습니다.

> 물건들이 더 많아지고 마음이 더 각박해지면서, 오늘날 우리는 미스터리 자체가 미스터리의 해결보다 더 의미가 있고 더 강렬할 수 있다는 것을 이해하지 못한다. 남성은 상징적 차원을 거부함으로써 아버지 역할을 그만두었다.[12]

그래서 우리가 살고 있는 모성적 세계에는, 즉 전문가나 심리 치료사의 사무실에서 구원을 찾는 세계에는, 자식들의 마음속에 갈라진 틈이나 심연이 있습니다. "(우리가) 아버지라는 존재를 갈구해서 독재를 찾았던 것처럼, 우리의 아버지 찾기에 독재에 대한 은밀한 향수가 포함되어 있을 가능성을 배제할 수는 없다. 오늘날 우리에게 아버지라는 존재를 찾게 만드는 불안은 우리를 독재자에게로 이끈 불안과 심리적 친척이다."[13]

결국 루이지 조야의 생각이 맞는 것인지 틀린 것인지를 알아볼 수 있는 리트머스 시험은, 절대적 독재자인 베페 그릴로가 절대적 복종을 회피하는 사람을 숙청하는 오성 운동의

'직접 민주주의'가 정말로 자율성이 있는 것인지를 확인하는 것입니다. 이에 대해 어떻게 생각하시나요?

리카르도 마체오에게

나는 라캉과 칼비노가 (반세기 전에 신의 죽음을 선언한 니체와 마찬가지로) 서로 다른 입구로 들어가 발견한 것을 서로 다른 말로 표현했을 뿐, 동일한 과정의 본질을 꿰뚫어 보려 했다고 생각합니다. 칼비노의 말을 빌리면, 그 과정은 과거에 그곳에 정착하고 싶어 했던 많은 사람들의 시체만이 널려 있는 비어 있는 중심 쪽으로 동시대성의 소용돌이의 구심력에 의해 끌려 들어가는 과정입니다. 그 시체는 라캉의 경우에는 아버지의 허수아비였고, 니체의 경우에는 모든 아버지들의 아버지인 신이었으며, 다른 수많은 사람들의 경우에는 조국이었습니다.

신·아버지·조국은 홉스의 리바이어던, 뒤르켐의 사회, 칼 슈미트의 주권자처럼 (개별적!) 부분들의 총합보다 더 큰 전체를 가리키는 서로 다른 이름들입니다. 슈미트는 자신의 대표작에 《정치 신학》이란 제목을 붙였을 뿐만 아니라 '주권자'를 법을 만드는 특권과 능력이 아니라 자신의 결정을 법 제정과 위반의 근거로 삼는 무책임에 의해 정의함으로써 셋 중 가장 통찰력 있고 냉철한 모습을 보여 주었습니다. 그의 주장에 따르면, 결국 주권자는 자신이 지배하는 신민들에게 자신의 조치를 해명, 아니 설명할 의무조차 없는 존재입니다. 그의 신민인 사람들 모두를 그의 선택에, 오로지 그의 선택에만 의존하게 만드는 것은 이처럼 절대적인 — 무제약적이고 의심의 여지없는 — 결단주의적 자유입니다. 이는 정의상 예측 불가능하고 결코 우리가 관리할 수 없는 자유입니다. 욥이 힘들게 배운 교훈처럼 말입니다. "내 진실로 그것을 알거니와 인간이 어찌 하느님에 맞서 이길 수 있으랴. 사람이 하느님과 쟁변하려 할지라도, 하느님께서는 천 개의 질문 중 단 하나에 대해서도 답하시지 않으리라." (욥기 9장 2-3절)

그런데 역설적인 일이지만, 이렇듯 절대적이고 고압적이고 압도적이고 불가해하고 예측할 수 없는 힘과의 대면이 불러일으키는 '공포와 전율' — 키에르케고르가 말하는 — 은 이해할 수 없는 운명에 직면한 삶을 견딜 수 있는 것 — 아니,

살아갈 가치가 있는 것 — 으로 만들 수 있는 영리하고 효과적인 문화적 책략이 됩니다. 그러한 공포와 전율은 치유할 길이 없는 미지의 것에 대한 두려움을 완화시키는 유일한 수단입니다. 신·아버지·왕은 나보다 더 멀리 보고 더 많은 것을 듣습니다. 그는 미래에 어떤 일이 일어날지 알고 있을 뿐만 아니라 미래의 일을 원하는 대로 바꿀 수 있습니다. 그는 전지전능합니다. 만일 내가 간절히 바라는 일을 그가 행하지 않는다면, 그 이유는 감각과 이성이라는 열등한 능력을 가진 내가 알지 못하는 것, 안다고 해도 이해하지 못할 것 — 예를 들어 그 일을 하는 것이 선보다 악을 더 많이 가져오리라는 것 — 을 그가 분명 알고 있기 때문입니다. 어찌 됐건, 그는 마음만 먹으면 할 수 없는 일이 없습니다. 그가 전지하고 전능한 존재임을 인식하면, 우리는 안심이 되고 마음이 든든해집니다. 그러한 인식은 나는-그를-믿는다는 자기 확신으로 이어집니다. 신-아버지-주권자의 결정론적 특권이 일괄 거래를 통해 우리에게 행사될 수 있게 되고, 거기에다 어떻게 하면 그의 진노를 피하며 그의 눈에 들어 자비와 은총을 얻을 수 있는지를 상세히 말해 주는 지침까지 제공되기 때문에 더욱더 그렇습니다. 어느 모로 보든, 신-아버지-주권자는 세상의 질서와 정의(세상 전부는 아니더라도 최소한, 내가 존재함으로 인해 나와 특별한 관계에 있게 된 일부 세상의 질서와 정의)를 보증해 주는 존재입니다. 이는 내가 바라거나 주장할 수 없으며, 나의 몰이해나 불충분한 지식, 무지나 불신으로 인해 결코 영향받지 않습니다.

나는 우주의 중심에서 신의 퇴거를 명하는 영장 초안이 만들어지기 시작한 해가 1755년이라고 말하곤 합니다. 물론 이 시기를 다룬 사람들은 신의 퇴거에 대해 말하기보다는 주로 우주의 중심에 거주하고 있는 자들의 직무 유기나 돈이 없어 도망친 세입자들에 말하기를 더 선호했죠. 1755년 당시에 유럽의 권력·부·무역·지식·예술의 중심지 중 하나였던 리스본에 지진·화재·홍수라는 세 가지 재앙이 연달아 찾아왔습니다. 리스본은 파괴되었습니다. 그런데 재앙의 타격은 무작위적이었습니다. 당시에 볼테르가 한 말처럼, "죄지은 자들만이 아니라 무고한 자들도 저 피할 수 없는 재앙에 똑같이 고통받고 있다." 볼테르의 말이 의미하는 바는 분명했습니다. 그것은 신이 우주의 중심에 거주하고 있다는 사실이 인간이 정한 이성과 도덕의 시험을 통과하지 못했다는 것입니다. 다시 말해 신을 대표하는 지상의 전권 사절이 어떻게 하면 이성과 도덕이 추천하는 기준을 장려하고 구속력 있는 것으로 만들 수 있는지에 관해 제시한 의견이 저 시험을 통과하지 못했다는 것입니다. 볼테르의 말에는 일단 새로운 관리, 즉 인간의 관리하에 들어가게 되면 우주가 더 나은, 즉

'문명화된' 질서와 더 많은 정의의 모든 가능성을 갖게 되리라는 포부가 함축되어 있었습니다.

그러나 이후 2세기 동안 우리는 저 거대한 미지의 존재, 즉 신이 물러나지 않으려 거세게 저항한다는 사실과 많은 제약들이 언제나 관리자, 즉 인간을 전능은커녕 전지에도 도달하지 못하게 막는다는 사실, 그렇지만 인간이 이성과 도덕의식을 통해 혼란과 재앙을 초래하는 능력에서 신에 크게 뒤지지 않는다는 것을 아주 힘들게 배웠습니다. 이성과 도덕은 완전한 합의까지는 아니지만 상호 협의하에 국가와 시장이라는 두 행위 주체를 만들어 냈습니다. 국가와 시장은 자신들이 우주의 일부인 지구를 적절히 관리할 수 있거나 혹은 지구가 스스로 알아서 적절히 관리할 수 있기를 바랐지만, 계속되는 현실의 시험에서 실패 사례가 점점 증가하면서 사람들은 국가와 시장에 대한 기대를 포기해 가고 있습니다. 물론 그것을 대신할 만한 창의적이고 매력적인 대안들이 모색되고는 있죠. 하지만 아직까지 뚜렷한 후보는 보이지 않고 있습니다.

우리의 프랙탈적 현실에서는 사회 조직의 모든 수준에서 규모만 다를 뿐 비슷한 난제들이 출현하고 있습니다. 사람들은 전지전능한 하느님 아버지의 이미지를 모델로 한 권위가 사회 조직의 맨 위부터 맨 아래까지 위기를 맞고 있다는 것을 실감하고 있습니다. 물론 권위의 위기를 겪는 이유와 권위의 위기를 책임져야 할 요인은 수준마다 다릅니다. 잘 아시겠지만, 최근에 우주의 본질과 그 속에 던져진 우리 인간에 관한 블레즈 파스칼의 사색이 재발견되면서 인기가 급상승하고 있습니다.

> 이것은 어디나 중심이면서 어디에도 원주는 없는 무한한 구이다. 간단히 말하면, 우리의 상상력이 이러한 성찰에까지 다다른다는 것이야말로 신의 전능함을 입증하는 가장 위대한 합리적 증거 중 하나이다.[14]

놀라운 통찰을 담고 있으면서 오늘날의 분위기와 잘 어울리는 말이 아닐 수 없습니다. 다원적 불확실성의 시대인 지금, 그 어느 때보다도 훨씬 더 말이죠. 다만 파스칼에게는 안심과 위안을 가져다줄 수 있는 '우리는 신을 믿는다'는 것이 우리의 귀에는 공허한 약속처럼 들리지만 말입니다.

은유로서의 아버지가 아니라 몸을 가진 실제의 아버지는 프랙탈들의 연속/위계에서 가장 작은 프랙탈에 속합니다. 하지만 그는 가장 가까이에서 매일 직접 관찰할 수 있는 프랙탈이기 때문에 우리가 특권적 프랙탈을 향해 나아갈 수 있는 토대입니다. 그는 더 추상적인 프랙탈을 이해하기 위한 실마리를 제공할 수 있습니다. 이런 아버지는 서로 밀접한 관계

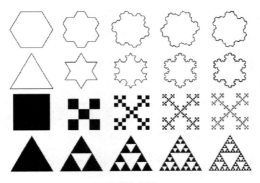

프랙탈 구조

를 맺고 상호작용하면서 공존하는 두 개의 인간 결합 양식
— 빅터 터너Victor Turner가 이야기하는 소시에타스societas
와 코뮤니타스communitas — 사이의 연결 고리 — 더 정확히
말하면 전송/교환 인터페이스 — 라고 할 수 있습니다. 오늘
날 저 특정한 '아버지상'이 겪는 시련과 고난에는 그것이 모
든 확장되고 이상화된 것들 — 이것들이 프랙탈 구조에서 어
떤 위치에 있든 간에 — 에 영향을 미치는 과정이 응축된 형
태로 반영되어 있습니다. 한부모 가정에서 자라는 아이들이
점차 증가하고 있다는 사실에 비추어 볼 때, 지금 논의하고
있는 주제와 가장 관련이 깊은 것은 대체로 부재와 불간섭을
특징으로 하는 아버지상 — 토마스 아퀴나스가 말하는 유휴
신이나 숨은 신과 비슷한 — 일 것입니다. 친부모 둘이 한 지

봉 아래 같이 살든 그렇지 않든, 부모와 자식 간의 유대는 점점 느슨해지면서 권위의 구조와 거의 일체라고 할 수 있었던 특성을 잃어 가고 있습니다. 그런데 실제의 아버지는 가장 작은 프랙탈이고 그렇기에 가장 흔하게 관찰 가능한 프랙탈이라는 인지적 특권을 갖고 있습니다. 이런 점을 고려할 때, 이 가장 작은 프랙탈에서 얻은 경험이 모체가 되는 것은 당연합니다. 반면에 이보다 더 큰 프랙탈에 고유한 아버지상은 이 작은 프랙탈의 아버지상을 토대로 해서만 가능한 수많은 순열들이라고 할 수 있습니다.

나는 (지금은 사라진) '자위 패닉'*과 (오늘날 확대되고 있는) '아동학대 패닉'이 어떤 역할을 하는지에 관해 많이 이야기했습니다. 가장 가깝게는 2015년에 구스타보 데살Gustavo Dessal과 함께 스페인어로 쓴 《진자의 귀환El retorno del péndulo》에서 이야기한 바 있습니다. 자위 패닉은 경계해야 할 위험을 음란하고 부정한 아동 섹슈얼리티에서 찾음으로써 부모가 아이의 행동을 모든 면에서 강요하고 간섭하며 엄격하게 감시·통제할 수 있는 토대를 제공했습니다. 마찬가지로 아동학대 패닉도 아이들의 침실과 욕실을 자연적인 악의 소굴로 봅니다. 그런데 아동학대 패닉에서 비난의 대상은 아

* 자위 패닉 : 18~20세기 서구에서 자위가 아이들의 정신과 신체 건강을 해치는 질병이라는 인식이 지배하면서 생긴 공포.

동의 섹슈얼리티가 아니라 부모의 섹슈얼리티—그리고 특히 부모의 섹슈얼리티에 존재한다고 전제되는 소아성애적 측면—입니다. 이 때문에 부모는 아이들과 거리를 두면서 (오늘날에는 흔히 의심을 불러일으키는) 친밀성 반사를 엄격하게 통제합니다. 그 결과 전에는 자명한 것으로 강력히 추천되던 부모의 소명 가운데 많은 것이 더 이상 부모의 소명이 아닌 것이 되어 버리고 있습니다.

이러한 이유들 때문에, 나는 라캉과 레칼카티가 이야기하는 가족 생활로부터 또는 최소한 '가족 생활의 중력 중심'으로부터의 '아버지의 증발'이 대체로 부모가 자초한 것이고, 따라서 스스로 해결해야 하는 문제라고 생각합니다. 물론 불확실하고 내적 결함과 취약성을 가진 노동 시장들과 전체적으로 고정되어 있지 않은 사회적 지위로 인해 아버지가 전능은커녕 전지와도 엄청나게 동떨어져 있다는 것이 매일같이 폭로되고 있는 것이 사실입니다. 가족을 위해 일하는 아버지라는 아버지상을 세계의 질서와 정의를 보장해 주는 모든 것의 원형으로 만들 수 있었던 조건들—사회적으로 생산되고 유지되는—이 파괴되고 있는 것도 사실입니다. 하지만 아버지의 '증발'과 그것이 세계관에 미치는 더없이 중요한 결과들—이를테면 '중력 중심'이 갑자기 텅 비게 되는 것—은 기본적으로 부모가 부모로서의 책임의 대부분을 강제적이든 자발적이든, 체념해서든 좋아서든 간에 포기함으로 인해 촉진되고 부추겨지고 있는 것입니다.

한마디 덧붙이자면, 그러한 포기로 인한 양심의 가책은 소비자 시장에서 구매할 수 있는 서비스들로 — 그리고 가장 일반적으로는 도덕적 진정제 역할을 하는 이 서비스들이 제공하는 상품을 사용함으로써 — 해결됩니다. 그리고 이런 해결 방식은 인간의 유대와 상호작용에서 가장 친밀한 측면을 상업화하는 길을 더욱 활짝 열어 줍니다.

5

문학과 공위기

우리 시대는 온갖 추구로 가득하지만 찾아낸 것은 하나도 없으며,
우리가 이렇게 느끼는 한 공위기空位期는 도착하지 않고 제자리에
머물러 있을 것이다.

지그문트 바우만에게

아돌포 파토리Adolfo Fattori는 19세기에서 20세기로 넘어 가는 시기에 개인이 느꼈던 방향 상실(베르펠Werfel의 말을 인 용하면, "두 세계에 속해 있어 하나의 영혼으로 두 세계를 받아들여야 하는 조건, 역사에서 거의 찾아볼 수 없고 극소수의 세대에게만 부과 되는 참으로 역설적인 상황')[1]과 그로부터 한 세기 뒤인 오늘날 우리가 공위기interregnum — 안토니오 그람시가 말했듯이, 오 래된 삶의 방식은 낡아 더 이상 유효하지 않은데 새로운 삶 의 방식은 아직 출현하지 않은 시기 — 에 느끼는 방향 상실 사이에 비슷한 점이 있다고 주장합니다. 이 문제와 관련해 문학이 우리에게 어떤 말을 해 줄 수 있을까요?

쿳시가 사랑한 작가인 로베르트 발저Robert Walser는 시대를 앞선 액체 현대적 유목민이었습니다. 발저는 오늘날의 데라시네déraciné*와 다릅니다.

발저는 아무 계획도 세우지 않고 별거 아닌 것, 안전한 것, 중요하지 않은 것을 선택하는 반면에 오늘날의 데라시네는 항상 단기 프로젝트를 세워야 합니다. 데라시네는 발저처럼 수백 킬로미터를 느릿느릿 걸어서 여행하는 것이 아니라, 빙상 선수처럼 넘어지지 않기 위해 달려야 하고 넘어질 경우 다시 일어나지 못할 위험을 감수해야 합니다. 게다가 발저는 극심한 가난과 파편화, 굴욕의 조건을 스스로 선택했지만, 데라시네의 조건은 오늘날의 세계를 '지배하는' 불안정의 결과인 타자의 선택입니다. 마지막으로, 발저가 스스로 정신병원에 들어갈 정도로 세상에서 물러나 자신을 숨기고 싶어 했던 것과 대조적으로, 현대인은 어떤 대가를 치르더라도 주목받고 싶어 하는 욕망에 사로잡혀 있고 현대 사회는 계속 증가하는 빈곤의 시나리오에서 자원이 없는 자를 주변화하고 배제하며 부자의 식탁에서 내쫓을 것을 명합니다. 당신은 이 두 세기말 사이에 어떤 유사성이 있다고 생각하시나요?

---

* 프랑스어로 '고향을 잃은 자. 뿌리 뽑힌 자'. 여기서는 소외된 현대인을 가리키는 것으로 볼 수 있다.

리카르도 마체오에게

"두 세계에 속해 있어 두 시대를 받아들이고 있다"는 베르펠과 파토리의 느낌, 넘치는 활력 때문에 자신감을 넘어 자만에 이른 19세기의 후예/졸업생들이 20세기 초 4년에 걸친 참호 전쟁의 공포가 예고 없이 닥쳤을 때 받은 충격. 그 느낌과 충격이 지금 공위기를 살아가는 우리의 정신이나 마음의 상태와 비슷할까요? 그렇지 않습니다. 1947년에 공산주의자라는 혐의를 받았던 헐리우드의 영화계 인사들이 주장했듯이, 모든 유사성은 전적으로(아니, 아마도 대부분) 우연의 일치일 뿐입니다.

두 세계와 두 시대? 서로 연결되거나 분리될 수 있고 대립하거나 화해할 수 있는 세계가 두 개만 있었을까요? 우리는 아주 어린 시절부터 시작해서 평생 동안 수많은 세계—서로 비슷하면서도 다른 세계 혹은 빠른 속도로 줄지어 이어지는 세계—를 항해하도록 압력을 받기도 하고 유혹을 받기도 하지 않나요? 그렇다면 갑자기 영문도 모른 채 새로운 세계로 끌려간다고 느끼거나 본 적 없는 광경과 생각도 못한 생각에 당황하고 혼란스러워하는 것은 결코 충격이 아니라 모든 것이 올바른(적어도 익숙한) 궤도에 있다고, 모든 것이 정상적이라고 안심시키는 신호입니다.

다시 태어나야 한다고 말하는 사람들이 있습니다. 하지만 우리는 매일 다시 태어나고 있지 않나요? 우리는 '충격적'인 것과는 정반대로 '지루할 정도로 단조로운' 삶을 살고 있습니다. 처음부터 완전히 새로 시작한다? 과연 그러한 새해, 새 날이 있을 수 있을까요? 전혀 예상치 못했던 새로운 것이요? 물론 그런 것은 매우 많습니다. 요즘에는 낯선 것보다 더 익숙한 것이 없고, 비범한 것보다 더 평범한 것이 없습니다. 정말로 익숙해지지 않는 것—솔직히 말하면, 이해하기 어려운 것—은 새로움을 둘러싸고 있는 미스터리의 아우라이자 거의 종말론적인 상태입니다. 즉 환생, 다시 태어남, 새로운 세계로 들어감, 지금까지 받아들일 수 없던 것을 받아들일 필요성에 직면하는 일 등은 오늘날 일상에서 수없이 반복됩니다.

마체오 씨, 우리의 대화에 로베르트 발저 씨를 불러내 주셔서 정말 감사합니다. 발저는 쿳시가 좋아하는 작가이고, W. G. 제발트Sebald에게는 '영원한 동반자', 엘리아스 카네티 Elias Canetti에게는 '우리 시대에 꼭 필요한 작가'였습니다. 헤르만 헤세는 "그(발저)의 독자가 10만 명만 돼도, 세상이 더 나은 곳이 될 것"이라고 말했습니다(안타깝게도 그렇게 되지 못했죠). 수잔 손택은 현대 예술의 역사에서 발저의 위치를 부여하려 시도하면서 발저의 역할을 철길 교차로나 환적 부두와 비슷한 것으로 규정했습니다. 그녀는 로베르트 무질 Robert Musil이 카프카를 발견하고는 "발저 유형의 특이 사례"[2]라고 말했다는 사실을 언급하면서 발저를 "섬세하고 익살맞지만 불안과 고뇌에 시달리는" 산문의 파울 클레, "명랑하고 달콤한 베케트", "클라이스트와 카프카를 연결하는 잃어버린 고리"라고 말합니다. 발저가 짧지만 격렬하고 때로는 영웅적인 현대 예술사에서 중요한 인물인 것은 틀림없습니다. 더 나아가 운명의 심판이라는 측면에서 볼 때, 그는 현대 예술사에서 거론되지 않은 탓에 거의 잘 알려지지 않은 주인공들 가운데 가장 주목할 만한 작가입니다. 이런 이유들 때문에 발저에 대해 조금 더 얘기하면서 왜 그래야 하는지를 비교적 상세히 설명할 생각이니, 부디 이해해 주시기 바랍니다.

발저는 반反영웅들, 부족한 사람들, 보잘것없는 사람들, 초라한(그러나 '무의미하지는' 않은) 사람들의 시인이었습니다. 일상적인 것, 평범한 것, 눈에 띄지 않을 만큼 당연시되는 것들이 그에게는 삶의 유일한 의미 — 제 생각에는 — 였습니다. 발저는 그가 남긴 수백 편의 단편 소설 중 가장 긴 작품인 〈산책〉에서 신앙 고백에 가까운 이야기를 합니다.

산책이 없다면, 산책을 통한 명상이 없다면, 이 즐거우면서도 엄중하게 경고하는 탐색이 없다면, 나는 삶이 아무런 의미가 없다고 느낄 것이고 실제로 의미가 없습니다. 산책하는 사람은 어린아이·개·파리·나비·참새·벌레·꽃·사람·집·나무·울타리·달팽이·생쥐·구름·언덕·나뭇잎처럼 살아 있는 모든 가장 작은 생명체들, 그리고 누군가가 버린 너절한 종이 조각조차도 아마 학교에 다니는 어떤 사랑스런 착한 아이가 난생처음 써 본 서툰 글자들이 적혀 있을지도 모를 그런 것까지도 최대한 사랑과 관심으로 연구하고 관찰해야 합니다. 가장 높은 것과 가장 낮은 것, 가장 진지한 것과 가장 유쾌한 것, 산책자에게는 이 모두가 똑같이 사랑스럽고 아름답고 소중합니다.[3]

단편 소설 〈신경과민〉에서 발저는 단언합니다. "괴팍함, 괴팍함, 우리에게는 괴팍함이 있어야 하고, 자신의 괴팍함과 더불어 살아갈 용기를 가져야 한다. 그것이 가장 멋지게 살아가는 방법이다. 스스로 약간 기괴한 면을 두려워할 필요는 없다."⁴ 발저는 그의 가장 뛰어난 단편 소설 가운데 하나의 주인공인 클라이스트에 관한 지지와 감탄을 숨기지 않았습니다. "그는 이런 인간 활동이 그 어떤 음악보다도 감동적이고 아름다우며 그 어떤 영혼보다도 신비스럽다고 생각한다." 이런 선택만큼 중요한 선택이 있을까요? "존경받는 바보 관리나 하나 골라 한심한 토론이든 사람들이 유용하다고 하는 토론이든 벌이는 것? (…) 커다란 쇠망치를 집어 들어 사방으로 휘둘러 대고 싶다. 꺼져 버려, 꺼지라고!"⁵ 비슷한 시기에 카프카는 〈돌연한 출발〉이라는 아주 짧은 단편에서 다음과 같이 말합니다. "하인이 물었다. '그렇다면 나리께서는 목표를 알고 계시는 것이죠?' '그렇다' 내가 대답했다. '내가 떠난다고 하지 않았느냐. 떠나는 것이 나의 목표이니라.'"⁶ 얼마 뒤에, 사무엘 베케트는 다음과 같이 썼습니다. "나는 모르겠어, 나는 영원히 모를 거야, 네가 알지 못하는 침묵 속에서 너는 계속해야만 해, 나는 계속할 수 없어, 나는 계속할 수 없어, 나는 계속할 거야." 그리고 이오네스코는 이렇게 말합니다. "내 생각에 모든 절망의 메시지는 모든 사람이 자유롭게 탈출구를 찾으려고 하지 않으면 안 되는 상황에 대한 진술이다."⁷

앞서 인용한 글에서 손택은 말합니다. "발저의 예술은 권력에 대한 거부, 지배에 대한 거부이다." 발저가 "우울과 공포를 다루는 것은 (대체로) 그것들을 인정하기 위해서이고, 약간의 경우에는 삐딱하게 다루고 완화시키기 위해서다." 그렇다면 묻고 싶습니다. 그것은 반란인가요, 휴전인가요? 지배에 대한 거부인가요, 지배를 인정하는 것인가요? 이상하게 들릴지 모르지만, 제 생각에는 둘 다인 것 같습니다. 아마 거부를 통한 인정의 촉진이 더 정확한—그렇다 해도 여전히 수수께끼 같은—표현일지도 모르겠습니다. 어찌 됐건 일단 발저의 입장에 대한 최종 판결—즉 모든 해석을 종식시키는 해석—은 있을 수 없다는 데는 동의할 수 있지 않을까 합니다. 또한 고골Gogol의 유일하게 진정한 '문학적 친척 내지 전임자'—W. G. 제발트의 표현—인 발저가 도저히 이해할 수 없을 정도로 망가진 인생행로가 끝나갈 무렵에 어떤 상태였는지에 대한 W. G. 제발트의 주장[8]에도 동의할 수 있을 것입니다.

줄거리의 핵심을 놓치지 않고 계속 집중할 능력을 점차 상실하면서 눈 주위에 출몰하는 비현실적인 기괴한 창조물에 대해 거의 강박적인 생각에 빠져들었다. (…) 결국은 다가오는 질병의 어두운 지평선은 말할 것도 없고 그들의 작품에 등장하는 수많은 인물들 사이에서 고골과 발저를 구분하는 것은 거의 불가능한 일이 된다.

경쟁적인 해석들이 난무하는 가운데 제발트는 고백합니다. "로베르트 발저가 누구이고 어떤 사람이었는지는 이상할 만큼 그에게 친근감을 느끼는 나로서도 믿을 만한 답을 내놓을 수 없었던 문제이다."

발저의 작품을 읽은 독자들 대부분은 이 고백을 들으면서 고개를 끄덕입니다. 결국 발저의 작품이 담고 있는 메시지의 진정한 — 유일한 — 의미를 재구성하려는 독자들은 그 희망이 헛된 것이란 사실을 알게 됩니다. 적어도 독자들 중 가장 합리적인 사람들은 그럴 겁니다.

이런 점들을 염두에 두면서, 지배에 대한 발저의 태도라는 쉽지 않은 문제를 다시 살펴보도록 하겠습니다. 발저는 많은 비평가들이 엄청난 걸작으로 꼽는 《벤야멘타 하인학교 — 야콥 폰 군텐 이야기》에서 하인이 갖춰야 할 태도를 배우려는 사람에게 가장 바람직한 것은 '매우 침착한 태도'인데 '벤야멘타 하인학교'에 들어가는 것은 바로 그런 태도를 배워 익히고 유지하기 위한 훈련을 받기 위해서라고 말합니다. 이러한 태도를 익히고 어떤 일이 있어도 그 태도를 유지하기 위해서는 규칙에 순종하고 규칙을 만든 권위에 철저히 복종하는 것만으로 충분하지 않습니다. 순종할 뿐만 아니라 불평도 하지 말아야 합니다. 사실 이것도 충분하지 않습니다. '규칙'에 대해 생각하는 것 자체를 그만두어야 하고 규칙을 정말로,

진심으로, 어떤 거리낌도 없이 좋아하게 되어야 합니다. 주인공 야콥은 처음에는 배식받은 저녁 식판의 음식을 부스러기까지 모조리 먹어 치워야 한다는 벤야멘타 하인학교의 규칙에 몹시 분노하지만 나중에는 (오랜 시간 동안 훈련을 받고 갈수록 실행하기 쉬워진 자기 훈련을 거듭한 끝에) "다른 학생들처럼 남김없이 다" 먹어치우게 됩니다. "이제 나는 잘 차려진 소박한 식사를 매번 기대하기까지 한다." 야콥은 심지어 요정을 ─ 마음속에서 점점 더 그를 이끄는 길잡이가 되는 ─ 갈수록 더 많이 닮고 싶은 이상적인 존재로 생각합니다. 그는 "괴롭고 힘든 모든 일을 순수하고 초자연적인 선한 마음으로" 해내는 요정의 습관을 찬양합니다. 이런 태도에서 나오는 복종은 이제 예속이 아니라 자유입니다. 아니, 자유 그 이상의 것입니다. 앞으로 있을 모든 굴욕에 대처하는 방침이자 미래에 있을 모든 독의 해독제입니다. 지배는 불가항력이고 영원히 지속되겠지만, 지배와의 싸움에서 절대로 승리할 수 없다는 사실을 마음 깊숙한 곳에서부터 받아들이면 최소한 지배의 송곳니와 발톱, 독침은 제거할 수 있습니다. 야콥은 차분히 자축하면서 말합니다. "나는 더 이상 그런 것들에 신경 쓰지 않아." 그가 더 이상 신경 쓰지 않는 '것들'은 자유로운 선택의 가면 뒤에 숨은 항복의 행위입니다. 보이는 것이 없으니, 고통스러울 것도 아플 것도 없습니다. 신경 쓰지 않음이라는 이 더없는 행복에 이르는 길은 간단합니다. 다소 울퉁불퉁해서 통과하기 쉽지 않은 길이기는 하겠지만, 그 유일한 길은 내가 할 수밖에 없는 것을 욕구하고 사랑하는 것입니다.

하나의 길이라고 했지만, 정확히 말하면 삶의 두 갈래 길 중 하나입니다. 또 다른 하나의 길은 알베르 카뮈가 "나는 반항한다, 고로 우리는 존재한다"라고 이정표를 세웠습니다. 사회학과 문학은 진리에 이르기 위해 사람들이 추구하거나 발견하거나 잘못 든 길을 탐구합니다. 그와 함께 자신을 드러내 줄 메시아를 기다리고 있는 영원한 진리도 탐구합니다. 하지만 카프카가 이미 결론을 내렸듯이, 좋든 싫든 메시아는 도착한 다음 날에 옵니다.

이러한 메시아의 특성을 '공위기'에 대한 정의定義로 선택하고 싶습니다. 아니 그보다는 공위기는 우리가 우리의 희망을 저 메시아의 특성에 쏟아부어야만 한다고 생각할 때 도착한다고 말하고 싶습니다. 왜냐하면 우리의 시대는 온갖 추구로 가득하지만 찾아낸 것은 하나도 없으며, 우리가 이렇게 느끼는 한 공위기는 도착하지 않고 제자리에 머물러 있을 것이기 때문입니다.

6

블로그와 중개자의 소멸

중개자가 사라지고 있다. 즉 문화와 삶의 지속에 필수적인 전달이
라는 기적은 갈수록 보기 어렵다. (…) '사용자 친화적'이라 쓰고서
'사용자 순종적'이라고 읽는다.

지그문트 바우만에게

우리는 예전에 조나단 프랜즌Jonathan Franzen에 대해 이야기를 나눈 적이 있습니다. 나는 그의 대표적인 소설《인생 수정》과《자유》를 높이 평가했었습니다. 그때 당신은 그의 짧은 에세이 모음집인《더 멀리*Farther Away*》에서 지금 우리가 하려는 이야기와 관련이 깊은 내용을 언급했습니다. 그 책이 이탈리아어로 번역되기 전이었죠. 나는 최신형 블랙베리 스마트폰이 지닌 유혹적인 힘이라든가 기술이 제공하는 '편리함'의 파괴적 잠재력에 대한 프랜즌의 견해에 전적으로 공감했습니다. 나를 사로잡고 감동시킨 이 소설가는 나에게 소설가 이상의 존재가 되었습니다. 그는 나에게 그의 소설만이 아니라 그밖의 것들에 관해서도 함께 이야기를 나누고 싶은 사람이 되었습니다.

그 후 프랜즌은 장편 에세이 《크라우스 프로젝트 *The Kraus Project*》를 발표했습니다. 이 에세이에서 그는 자신의 젊은 시절의 중개자에게 경의를 표하면서, 모든 것을 쉬운 일로 만들어 버리는 오늘날의 세태에 대한 해독제로 보이는 곡예를 선보입니다. 이 에세이에서 그는 풍자를 즐겨 사용하는 매우 난해한 작가 크라우스가 쓴 〈하이네와 그 결과 *Heine and the Consequences*〉(그밖의 텍스트까지)를 직접 번역해 인용합니다. 번역된 인용문들에는 〈하이네와 그 결과〉에서 가장 어려운 구절들을 설명하면서 그 맥락을 제시하거나 한 세기 전의 비엔나와 오늘날의 서구 사회 간의 유사성을 추적하는 각주가 엄청나게 많이 달려 있습니다. 그는 《크라우스 프로젝트》의 말미에서 자기 자신에 대해, 즉 프랜즌이라는 작가에 대해 이야기합니다. 그러면서 괴테와 함께 독일어로 글을 쓴 19세기의 가장 위대한 작가이자 가톨릭으로 개종한 유대인인 하인리히 하이네를 크라우스가 난도질했듯이(결과는 훨씬 더 온건했지만), 자신이 젊은 시절에 존 업다이크John Updike에서 필립 로스Philip Roth에 이르는 여러 작가들을 난도질한 이야기를 합니다.

프랜즌의 《크라우스 프로젝트》에서 가장 인상적인 것은

1899년에 크라우스가 창간한 풍자 잡지 《햇불 *Die Fackel*》이 오늘날 유행하고 있는 블로그와 매우 비슷하다는 점입니다. 1911년부터 1936년까지 이 잡지에 실린 글은 모두 크라우스가 직접 쓴 것입니다. 그 글들은 하나같이 천재적인 창의성과 독설로 가득합니다. 블로그와 가장 다른 점은 블로그는 팔로잉이 하나도 없을 수도 있고 일시적으로 팔로잉이 급증할 수도 있지만, 《햇불》은 프로이트, 카프카, 비트겐슈타인, 토마스 만, 아도르노, 발터 벤야민 등 당시 중부 유럽에서 가장 유명한 지성인들이 읽었다는 것입니다. 또 다른 점은 보통사람이 읽고 이해하기 힘들게 일부러 아주 복잡하고 난해한 문체를 구사했다는 것입니다. 사실 '반反블로그적' 블로그라고 할 수 있는 이 잡지는 파리에서만 행복할 수 있었던 하이네가 경시한 독일어와 독일 정신을 어떻게든 지키려고 한 크라우스의 열정의 산물이었습니다. 나는 프랜즌도 인터넷의 강력한 유혹으로부터 진정한 문학과 사상을 지키기 위해 영웅적으로, 열정적으로 노력하고 있다고 생각합니다. 프랜즌은 말합니다. "뒤처지지 않기 위해 읽어야 할 블로그가 수없이 많고 트위터에는 팔로우해야 할 음식 던지기 싸움 같은 영상이 가득한데, 과연 문학을 읽을 시간이 있겠는가?"[1]

기본적으로 크라우스("예술은 삶에 무질서를 가져온다. 인간애를 지닌 시인들은 계속 혼돈을 재생한다")[2]와 프랜즌은 걱정을 덜어 주고 위안을 안겨 주는 화면에서 눈을 돌려 화면과는 전혀 다른 현실을 알고 싶으면 지루하기 짝이 없는 통속적인 것의 베일을 찢으라고 말합니다. 테스터와 야콥센은 《사회학의 쓸모》[3]에서 당신에게 현 상황에서 친절이 무엇을 할 수 있느냐고 물었습니다. 당신은 친절이 무엇을 할 수 있느냐보다 현 상황에서 친절을 찾아볼 수 없다는 사실에 더 관심이 있다고 답했습니다. 살아가기 위해서가 아니라 살아남으려다 보니 갖게 되는 조심스럽고 두려워하는 태도인 신중함, 더 나아가 비겁함조차도 친절과 마찬가지로 우리 행위가 초래할 수 있는 안 좋은 결과로부터 우리를 보호하기 위한 것입니다. 그렇다고 신중함과 비겁함을 진정한 친절과 혼동하면 안 됩니다. 진정한 친절은 타인에 대해 우호적인 태도를 보이는 것, 타인을 마치 형제처럼 대하는 것입니다. 에우제니오 보르냐Eugenio Borgna는 최근 출간한 두 권의 저서에서[4] 인간이기에 우리 모두가 가진 약함에서 결코 자유로울 수 없는 사람들, 그중에서도 특히 병자, 노인, 가난한 자, 배제된 사람들에 대한 친절이 몹시 필요하다고 역설합니다. 친절은 적을 만들게 될까 봐 두려워하는 사람들, 정치적으로 올바른 선택을 하지만 개인적 사명은 외면하는 사람들 — 이를테면 많은 작가들 — 의 위선과는 완전히 다른 것입니다. 프랜즌은 오늘날 작가들이 글을 써서 생계를 유지하는 것이 얼마나 어려운지에 관해 이야기하고 나서 다음과 같이 말합니다.

> 그럼에도 불구하고 나를 슬프게 하는 것은 오늘날 뉴욕 문단
> 에서 글을 써서 생계를 유지하는 사람이 얼마 되지 않는데도
> 글을 쓰는 사람들 대부분이 너무 신중하다는 것이다. (…) 소
> 설가가 균형·중용·온건함 같은 이론의 여지 없는 미덕들을 전
> 달하는 한갓 수단이 된다는 것은 당치도 않다. 오늘날 비평이
> 과거에 비해 훨씬 더 (조심스럽게) 소극적인 모습을 보이는 것
> 은 글을 옥죄는 저 엄격한 미덕들 때문이다. (…) 글쓰는 사람
> 들을 이런 진부한 말만 늘어놓게 만드는 전자 시스템을 향해
> 가차 없는 비판을 하려면, 여론에 의해 우리 중 하나가 아니라
> 반사회적인 혐오자로 낙인찍힐 위험을 감수해야 한다.[5]

물론 비판적인 블로그가 수천 개에 이르는 데다, 독설이란
것이 더 나이를 먹으면 달라지겠지만 아직은 건강한 발전적
욕구에서 '전부 아니면 전무' 같은 이분법적 범주를 추구하
는 젊은이의 전유물인 것도 사실입니다. 프랜즌도 10대 후
반에는 "쉽게 배울 수 있는 언어적 친절의 기교와 달리 (…)
있는 힘껏 언어를 달구고 담금질하며 다듬는 지적 작업에 열
정을 바친" '거의 래퍼처럼' 독설을 쏟아 내는 크라우스 같
은 작가를 좋아했지만, 30년이 흐른 뒤에는 자신이 10대 때
는 "크라우스가 '유대인 하이네가 쏟아 낸 오물의 홍수'에

대해 이야기함으로써 위험한 영역에 발을 디뎠다는 것을 알지 못하는 행복한 무지 상태"에 있었다고 시인합니다.[6] 그러나 이렇듯 오늘날 흔히 볼 수 있는 맹목적인 열정(스무 살 때는 바람직할지 모르지만 쉰 살에는 받아들일 수 없는)과 크라우스가 젊은 시절에 보여 준 열정은 근본적으로 차이가 있습니다. 오늘날 팽배해 있는 경박한 피상성과 달리 크라우스는 엄청난 역량을 보여 주었습니다. 또한 크라우스는 이미 100년 전에 편협한 언론이 우리의 상상력을 얼마나 해칠 수 있는지 잘 알고 있었습니다. 오늘날의 라이프스타일 저널리즘을 보십시오. TV에서 볼 수 있듯이, 뉴스와 이미지를 사전에 독자들의 기분과 심리에 맞게 씹어서 입에 넣어 줍니다. 시도 하이네의 시와 비슷해 보이지만 언제든 — 아무리 아름답더라도 — 음악의 가사가 될 수 있도록 쓰여지고 있고, 소설도 영화로 각색되면 들어올 돈을 생각하고 마치 시나리오처럼 쓰여지고 있습니다.

중요한 것은 스무 살에 얼마나 많은 일을 하느냐, 어떤 노래를 부르느냐 같은 것이 아닙니다. 스무 살 때의 프랜즌은 펑크 시인-가수이자 패티 스미스Patti Smith의 전 남편으로 소셜 네트워킹을 예견한 리처드 헬Richard Hell의 후렴구("나는 블랭크 제너레이션blank generation*이야. 나는 언제든 받아들일

---

* 블랭크 제너레이션 : __세대에서 __에 들어갈 수식어가 없는 세대. 구체

수도 있고 두고 떠날 수도 있어")를 따라 불렀습니다.[7]

요컨대 《크라우스 프로젝트》가 주로 말하고자 하는 바는 중개자들의 소멸, 즉 문화와 삶의 지속에 반드시 필요한 저 전달이라는 기적이 갈수록 드문 일이 되고 있다는 것입니다. 프랜즌은 독일인 교수인 조지(그의 성도 크라우스였습니다!)로부터 칼 크라우스의 책을 결혼 선물로 받은 것을 계기로 칼 크라우스를 알게 되었습니다. 조지는 그에게 아버지 같은 존재였습니다. 조지는 그에게 문학과 삶 사이의 심원한 관계에 대해 알려 주었습니다. 이것이 계기가 되어 프랜즌은 칼 크라우스의 난해한 텍스트를 번역하기로 결심했습니다.

내가 사는 세상의 이 작은 귀퉁이 ─ 즉 미국 소설계 ─ 에서 아마존의 수장 제프 베조스Jeff Bezos는 적敵 그리스도까지는 아니더라도 네 명의 기사* 중 한 명으로 여겨진다. 아마존은 자비 출판이나 아마존이 직접 출판하는 세상, 독자가 아마존의 리뷰에 따라 책을 선택하는 세상, 저자가 스스로 홍보를 담당하는 세상을 원한다. 그런 세상에서는 떠버리·트위터러·허풍선이라든가 누군가에게 별 다섯 개짜리 리뷰를 수백 개

─────────────

적으로는 어린 시절 풍요를 경험하며 자랐으나 사회에 진출할 시기에 취업난과 불확실한 미래 등으로 고통받고 있는 X세대를 가리키는 다른 이름이라고 할 수 있다.

* 기사 : 《요한 묵시록》에 나오는 네 명의 기사. 전쟁·기아·질병·죽음을 상징하며 이것들과 함께 세상이 종말을 맞이한다.

작성해 달라고 할 수 있는 돈을 가진 사람들이 활개를 칠 것이다. (…) 그렇지만 다름 아니라 끊임없는 수다, 트윗, 자기자랑이 피상적인 사회적 상호작용의 한 형태라는 것을 참지못해서 작가가 된 사람들은 어떻게 될까?[8]

전달은 결코 복사가 아닙니다. 전달 때문에 (그리고 모든 것이 순조롭게 진행되면) 사람은 전과는 다른 존재가 됩니다. 그러나 전달은 무엇보다도 자기 자신에게 다가가기 위해 꼭 필요합니다. 유산이 없이, 안내자 없이, 타인들의 목소리 없이, 중요한 메시지 없이, 우리가 어떻게 진정한 자기 자신이 될수 있겠습니까?

리카르도 마체오에게

토마스 그레샴Thomas Gresham이 주장했다고도 하고 니콜라우스 코페르니쿠스가 주장했다고도 하지만, 이미 2천 년 전에 아리스토파네스가 쓴 희곡 《개구리》에도 '악화가 양화를 구축한다'는 법칙이 등장합니다. 금이나 은, 구리로 된 동전 외에 다른 화폐가 없던 시대에 '나쁜' 화폐는 동전의 재료가 되는 금속의 가치가 동전의 명목가치보다 낮은 동전이었습니다. 나쁜 동전이 유통되면서 '좋은' 동전은 시중에서 찾아보기 힘들어졌습니다. 말하자면 비교적 용의주도하고 운이 좋은—또는 그저 탐욕스러운—소수의 인간들의 금고에 갇혀 버린 것입니다.

그러나 '악화가 양화를 구축한다'는 법칙은 경제만이 아니라 훨씬 더 광범위한 영역에서도 볼 수 있습니다. 동전은 교환 수단입니다. 원하는 것을 얻기 위해 가치가 더 낮은 수단을 사용할 수 있다면, 굳이 더 가치 있는 것을 줄 이유가 있을까요? 악화 대 양화의 경우에 그레샴/코페르니쿠스의 법칙을 작동시키는 것은 돈에 대한 탐욕이지만, 다른 경우에는 아닐 수 있습니다(실제로 아닙니다). 예를 들어 그것은 불편함에 대한 거부나 더 큰 편안함에 대한 욕망일 수 있습니다. 실제로 이것은 그레샴/코페르니쿠스의 법칙을 당신이 제기하는 문제, 즉 조나단 프랜즌의 표현을 빌리면 '블로그와 트위터의 나라에서의 언어'의 곤경과 연결시킬 뿐만 아니라 의사소통의 주 매체인 언어를 통해 우리의 표현력과 이해력의 운명의 문제와도 연결시키는 강력한 동인입니다.

안타깝게도 나는 프랜즌의 《크라우스 프로젝트》(올해 말에나 출간될 예정이랍니다)도 칼 크라우스가 쓴 반反하이네 소책자도 읽지 못해서, 당신의 질문에 일일이 답변할 수가 없습니다. 하지만 프랜즌의 다른 저작들은 물론 그가 주장하는 대의도 알고 있다고 생각합니다. 그러므로 당신이(그리고 내가!) 우려하는 핵심적인 문제에 관해 말할 수 있을 것 같습니다. 당신과 내가 가장 우려하는 것은 새로운 전자 매체가 우리가 누구이고 서로에게 무엇을 하고 서로 어떻게 함께 살아가는

지의 문제에 미치는 영향(아직 완전히 알려지지 않았기 때문에 앞으로 더 많은 걱정거리를 가져다줄 수 있는 영향)입니다. 프랜즌은 새로운 전자 매체가 우리의 행동·세계관·기대에 미치는 영향에 대해 매우 높은 식견을 보여 줍니다. 그는 두드러진 영향(예: '전 국민을 사로잡고 있는 연결의 광란', 사적이고 개인적인 문제가 공적이고 공동체적인 문제 속으로 침투해 들어가는 것을 가능하게 하고 장려하는 것, '휴대폰의 끔찍한 본질' 등)[9]과 그만큼 뚜렷하지는 않지만 그에 비하면 덜 해로운 영향(예: 도덕적으로 잘못된 무례한 행동을 '성적 관계에 대한 환상 이상fantasy ideal'으로 호도해 돕고 부추기는 것) 둘 다에 대해 설명합니다.[10]

그런데 프랜즌이 말하는 '환상 이상'이 뭘까요? 프랜즌은 3년 된 블랙베리 펄을 처분하고 새로운 블랙베리 볼드로 바꾸고 나서 이 새로운 장난감을 "끼고 살고 싶었다"고 고백합니다. 그는 "한 마디로 (자신의) 새 기기에 푹 빠져 있었습니다." 우리는 아주 에로틱한 희열을 안겨 주는 대상을 마주했을 때 이렇게 느끼고 행동하지 않나요? 아니, 저 에로틱한 대상이 또한 주체 — 우리와 비슷할 수도 있고 아닐 수도 있지만, 나름의 욕망·선호·우선순위·의지를 모두 가진 존재 — 이기도 한 것이 아니라면, 우리가 저렇게 느끼고 행동할까요? 에로틱한 엑스터시의 '현실적' 대상은 가장 이상형에 근접했던 블랙베리 볼드에 훨씬 못 미칩니다! 저 에로틱한 황홀의 이상형은 인간 남녀의 이상형처럼 나중으로 미루거나 투덜 거리거나 모호한 불만의 제스처를 취하지도 않으면서 "아무 것도 요구하지 않고 모든 것을 즉각적으로 줍니다." 광고 용 어로 말하면, '사용자 친화적'('사용자 친화적'이라 쓰고 '사용자 순종적'이라고 읽습니다)입니다. 더 중요한 것은 "더 섹시한 것 이 등장하는 바람에 서랍 속으로 들어가게 될 때 울고불고 난리법석을 떨지 않는다"는 점일 것입니다. 블랙베리 펄이 쓰레기통으로 가는 길에 흐느껴 울거나 욕을 하고 저주를 퍼 붓는 소리를 들은 적이 있나요?! 당연히 못 들었을 것입니다. 아무도 듣지 못했습니다. 그렇다면 왜 사람들은 헤어지는 순 간에 좀 더 블랙베리 펄처럼 행동할 수 없는 것일까요? 그들 은 모든 것 — '더 섹시한 것'이 없을 때 머릿속으로 꿈꾸던 모든 즐거움 — 을 줄 수 있는 자신의 능력이 '더 섹시한 것' 이 등장하면 살아남지 못하리라는 것을 처음부터 알고 받아 들였어야 했는데, 그러지 못한 것이죠?!

이렇듯 '진보' — 혼자 혹은 여럿이서 혹은 모두 함께 '앞으 로 나아가는 것' — 는 덜 편안하거나 덜 편리한 것을 더 편안 하거나 더 편리한 것으로, 더 불편하거나 더 어렵거나 더 성 가신 것을 덜 불편하거나 덜 어렵거나 덜 성가신 것으로 이끕 니다('앞으로'라는 단어 자체에 이런 뜻이 있다고 할 수도 있고, 어쩌면 당연한 것으로 전제되어 있다고 할 수도 있습니다). '진보'의 궤적은 더 적은 비용과 노력으로 더 많은 결과를 얻는 것, 더욱이 기술을 익히고 원하는 결과를 만들어 내기까지의 시간을 전보다 단축해서 그런 결과를 얻는 것으로 표시됩니다. 성냥과 라이터가 있는 세상에서 부싯돌과 부싯깃으로 돌아갈 가능성은 전혀 없습니다. 다른 이유가 있다면 모를까, 이미 부싯돌과 부싯깃 이용법을 잊을 만큼 충분한 시간이 지났으니까 말입니다.

얼마 전까지만 해도 복잡하고 까다로운 문법·구문론·맞춤법을 숙달하기 위해 끊임없이 애써야 했지만, 지금은 생략어나 단축어·비속어를 쓰는 일이 확산될 가능성 — '메시지 보내기'와 '트윗 올리기' 기능을 갖춘 기기의 등장과 그로 인해 생긴 기준이나 관행 때문에 생긴 가능성 — 이 있다는 당신의 문제 제기도 마찬가지입니다. 어떤 것을 거의 또는 전혀 노력하지 않아도 얻을 수 있다면, 그것을 얻기 위해 굳이 애쓸 이유가 있겠습니까? 당장 얻을 수 있는 결과를 왜 끝없이 기다리겠습니까? 이런 일 중에서 가장 복잡하고 풀기 어렵고 위험하고 힘들지만 결코 피할 수 없는 일, 즉 사랑에 빠지고 사랑에 머무르는 인생 사업에 대해 생각해 볼까요?!

오늘날 '온라인' 세계가 인간사에서 가장 복잡하고 풀기 어려운 영역인 사랑에서 보여 주고 있는 '진보'가, 인간들이-살고-있는-세계-내-존재의 인간적 방식이 펼쳐지는 다른 영역이나 측면보다 더 깊고 지속적이며 중요한 직접적, '부수적' 피해를 일으킬 것이라고 볼 만한 수많은 아주 심각한 이유가 있습니다. 물론 모든 이득에는 어느 정도의 손실이 따르기 마련이지만("얻는 것이 있으면, 잃는 것도 있다"는 속담처럼), 온라인 안전지대가 내거는 복잡하고 난해하고 힘든 사랑으로부터 우리를 해방시켜 주겠다는 달콤한 약속은 돌이킬 수 없는 파괴적인 결과를 초래할 것입니다. 사랑은 행복이지만, 오랫동안 수많은 사례들이 보여 주었듯이 행복은 바로 먹을 수 있는 음식처럼 다 차려진 상태로 오는 경우가 거의 없으며 아무 고통 없이 오지도 않습니다. 고통은 행복의 반대말이 아닙니다. 힘겹게 고통을 이겨 내는 것이야말로 사랑이라는 관계에 필수적입니다. 고통 없는 사랑은 거짓말이고 사기입니다. 알코올 없는 맥주, 칼로리 없는 음식, 하늘에서 떨어진 동전 같은 것입니다. 사랑은 결코 행복을 보장해 주는 것이 아니고 행복에 이르는 여러 길 중 하나이지만, 사랑이 없으면 행복은 거의 낯선 나라, 사실상 지도에 없는 미지의 땅이 되고 맙니다.

마지막으로 프랜즌의 말을 한 번 더 인용하겠습니다. 그는 이번에도 자신이 겪은 일 — 이번에는 결혼 생활 — 을 언급하면서 다음과 같이 말합니다.

우리는 약속을 지키려는 적극적인 노력을 통해 지금의 우리, 즉 인간이 되었습니다. 우리는 다른 원소와 결합하지 않은 채 삶을 부유하는 헬륨 분자가 아니었습니다. 우리는 서로 결합함으로써 바뀌었습니다. 또 하나 (…) 고통은 우리를 아프게 하지만 죽이지는 않습니다. 여러분은 기술의 선동에 마취되어 다른 사람들 없이도 혼자 살아갈 수 있다고 생각하겠지만, 고통은 이 힘든 세상에서 살아 있음으로 해서 자연스럽게 만들어지는 것이자 우리가 살아 있음을 자연스럽게 보여 주는 것입니다. 고통 없이 살고 있다면, 그것은 지금까지 살지 않았다는 말과 다름없습니다. 여러분은 "나는 사랑과 고통 같은 것은 30대쯤에 가서야 시작할 거야"라고 다짐할지 모르지만, 그것은 10년이란 세월을 자원만 낭비한 채 흘려보내겠다는 말과 다름없습니다. (어느 대학 졸업식에서 졸업생들에게 한 말)[11]

7
우리 모두 자폐인이 되어 가는가?

'사회성' — 서로 이해를 추구하고 그것을 가로막는 장애물을 함께
제거하고자 하는 상호작용 — 의 어려움은 우리 시대 사람들을 힘
들게 하는 가장 흔하고 교활한 고통 중 하나다. 이 고통은 앞으로도
오랫동안 지속될 수밖에 없을 것이다.

지그문트 바우만에게

최근에 나는 파리에서 오늘날 노인의 상황과 라이프사이클의 급격한 변화에 대해 미겔 베나사야그Miguel Benasayag와 대화록을 쓰면서 시간을 보냈습니다. 미겔을 그의 집에서 처음 만날 때, 그 자리에 소르본느의 장 미셸 베스니에Jean-Michel Besnier 교수도 있었습니다. 베스니에 교수에게 너무 좋은 느낌을 받아서, 나는 곧바로 그가 얼마 전에 쓴《단순화된 인간 *L'Homme simplifié: la syndrome de la touche étoile*》[1]을 읽었습니다. 그러면서 이 장의 주제와 관련될 만한 내용을 몇 가지 메모했습니다.

베스니에의 주장은《한 줌의 도덕 — 상처 입은 삶에서 나온 성찰》에서 아도르노가 한 말과 일치합니다. "모호한 것은 어떤 것도 허용하지 않는, 외견상 명확하고 투명한 인간관계의 이면에는 적나라한 야만성이 도사리고 있다."[2] 모든 것을 기술과 수량화에 맡겨 버리면 삶이 더 단순하고 분명하게 정의된다는 것은 의심할 여지가 없습니다. 하지만 우리는 인간을 정말로 인간답게 만드는 뉘앙스·굴곡·모순·복잡성 등을 잃어버립니다.

나는 지난번 편지에서 우리가 발전하고 우리 자신이 되는 데 필요한 것을 제공하는 중개자의 소멸에 대해 이야기했습니다. 과거의 위계질서는 그 시대의 논리로 인한 약점이나 결함이 있을 수 있었지만, '위대한 작가'는 여전히 어떤 위대성을 보여 주었습니다. 서점이나 도서관을 가기만 하면, 그 위대한 지식을 얼마든지 얻을 수 있었습니다.

그 시절에는 서점 주인과 대화를 나누면서 조언을 들을 수 있었습니다. 집에 가져갈 책을 고르기 위해 주석들을 비교할 만큼 책에 대해 신중한 열정을 가진 사람들이 있었습니다. 그러나 오늘날에는 효율적으로 전산화된 만큼 동시에 비인간화된 대형 유통 체인에 밀려 독립 서점들이 줄줄이 문을 닫고 있고, 우리 아이들은 인터넷에서 지식을 찾고 있습니다. 베스니에는 말합니다. "구글은 검색 결과의 선택과 위계화에서 핵심적인 역할을 하는 키워드를 최고 입찰자에게 판다.

이러한 사실을 보면서, 우리는 정보통신 기술이 주장하는 지식의 획득과 흡수의 용이화에 도사리고 있는 진정한 위험을 깨닫게 된다."[3]

베스니에는 단순화와 표현 불가능한 것에 대한 거부에 기초한 과학적 사고에 잠재되어 있는 위험이 데카르트부터 시작된 것으로 봅니다. 또한 그는 신어Newspeak가 구어Oldspeak에 존재하는 '의미의 불필요한 그늘'을 삭제하고 단어를 변형하여 근본 의미만 보존하고 실제의 의미론적 복잡성에서 해방시킨 《1984》의 오웰식 디스토피아를 떠올리기도 합니다. 단어는 밀도가 제거되면 '연산'이 되어 지배자가 마음대로 조작할 수 있게 됩니다. 지금 아이들은 문자를 보낼 때 단어수를 최대한 줄입니다. 약어와 두문자어頭文字語의 사용이 급증하면서, 말의 품위와 진정한 의미가 급속도로 파괴되고 있습니다. "국가보건서비스가 SSN(이탈리아어 Servizio Sanitario Nazionale의 약어 — 옮긴이)이 되거나 지역보건당국이 ASL(이탈리아어 Azienda Sanitaria Locale의 약어 — 옮긴이)로 불리게 되면, 공적으로 관리되던 어떤 종류의 사회 혜택이나 사회 보장도 사라질 가능성이 높다."[4]

베스니에의 책이 마음에 들었던 이유는 그가 당신이 베네데토 베키Benedetto Vecchi와 나눈 대화를 엮은 책《정체성: 베네데토 베키와의 대화Identity: Coversations With Benedetto

Vecchi》(2004)와 당신의 또 다른 저서인 《파편화된 삶*Life in Fragments*》(1993)에서 '고체' 세계와 복잡화의 연관성, '액체' 세계와 단순화의 연관성을 강조하는 내용을 인용한 데다가, 귄터 앤더스Gunther Anders와 알랭 에렌베르크Alain Ehrenberg 의 말도 인용했기 때문입니다. 당신이 《악의 자연사*A Natural History of Evil*》(2012)에서 말했듯이, 귄터 앤더스는 인간이 발전시킨 기계에 대한 부러움에 관해 이야기합니다. 당신은 《고독을 잃어버린 시간*44 Letters*》(2010)에서는 심리 치료를 받는 환자에게서 흔히 볼 수 있는 죄책감에서 무력감으로의 이행과 관련하여 알랭 에렌베르크를 언급한 바 있습니다. 내 생각에 하네케 감독의 영화 〈히든*Caché*〉(2005)은 죄의식을 느끼지 못하는 무능력을 정말로 잘 표현한 작품입니다. 이 영화에서 교양 있고 부유한 TV 프로그램 사회자 조르주(다니엘 오테유 분)는 아름다운 집에 삽니다. 거실 벽에는 TV가 마치 액자처럼 설치되어 있고, 그 주위를 수많은 책이 에워 싸고 있습니다. 그것은 마치 그와 사랑스러운 아내 안느(줄리엣 비노쉬 분)를 '보통' 세상으로부터 지켜 주는 요새의 성벽 처럼 보입니다. 그들의 주변에는 재미있고 지적인 친구들이 많습니다. 그런데 이 부부와 소통이 단절된 열두 살의 아들 을 기점으로 이 성벽에 균열의 조짐이 나타나기 시작합니다. 피 흘리는 아이의 모습을 크레용으로 그린 그림과 함께 정체

를 알 수 없는 비디오테이프가 문 앞에서 발견되면서, 조르주의 수치스러운 과거 사건의 비밀이 서서히 드러납니다.

조르주는 이러한 '침입'의 정체를 파악하기 위해 자기 과거를 되돌아보다가 문득 집안일을 도와주던 알제리인 부부의 아들 마지드를 떠올리게 됩니다. 마지드의 부모는 파리에서 알제리 전쟁 반대 시위를 벌이다 200명의 알제리인들과 함께 살해당했습니다. 죄책감을 느낀 조르주의 부모는 마지드를 입양하기로 결정했습니다. 하지만 당시 겨우 여섯 살인 조르주는 마지드를 싫어하여 계략을 썼고, 결국 마지드는 고아원으로 가게 됩니다. 어쨌든 이번 일로 조르주는 마지드를 찾아냅니다. 마지드도 조르주처럼 아버지가 되어 있었죠. 그는 누추한 집에 살고 있었는데, 비디오테이프와 그림을 보내지 않았다고 말합니다. 마침내 그는 조르주를 자기 집으로 불러 조르주가 보는 앞에서 자기 목을 그어 버립니다. 이 비극에도 불구하고 조르주는 죄책감을 전혀 느끼지 않습니다.

이 영화에서 가장 중요한 것은 다른 사람과의 관계에서 죄책감을 느끼기 위해서는 상대방이 우리 눈에 실제 사람으로, '우리와 공명하는' 사람으로 존재해야 한다는 점입니다. 그러나 타인을 미시적이거나 거시적인 관리 프로젝트를 달성하는 데 필요한 단순한 도구나 대상으로 보고 언제나 객관적이고 통제 가능한 평가를 추구하는 세상에서는, 성공은 진정한 삶 — 삶의 복잡성 때문에 짊어져야 할 짐이 많기는 하지만 그만큼 풍요로운 삶 — 같은 것에 시간을 낭비하지 않는 사람에게만 미소 짓습니다.

나는 늘 자폐증의 미스테리에 관심이 있었습니다. 전 세계에서 가장 재능 있고 유명한 자폐인 중 한 명(아스퍼거 증후군을 앓고 있는)인 템플 그랜딘Temple Grandin과 이야기를 나눈 적도 있습니다. 내가 일하는 에릭슨 출판사는 그녀의 책 두 권을 이탈리아어로 번역 출간하기도 했습니다. 나는 자폐증으로 고통받는 사람들과 그들의 특수하고 고립된 생활방식에 큰 애정을 갖고 있습니다. 오늘날 자폐 스펙트럼 장애의 대표적 특징인 소통 불가능성을 보이는 일반 대중들이 갈수록 눈에 띄게 늘어나고 있습니다. 베스니에는 전체 인구 중 자폐인 수는 1975년의 5천 명당 1명에서 2009년에는 110명당 1명으로 증가했다고 말합니다.

자폐인이 50배나 증가한 것은 단지 소통 장애를 식별하는 능력이 더 정교해졌기 때문만은 아닙니다. 많은 전문가들은 "환경적 요인과 유전적 요인을 결합한 가설"[5]을 제기합니다. 이 경우에 우리 모두를 집어삼키고 있는 이메일·트위터·블로그 — 이 분야에서 자폐인들이 특히 뛰어난 능력을 보입니다 — 등을 통한 집중적인 소통을 자폐와 관련해 분석하는 것은 어찌 보면 당연합니다.

그렇다면 우리 모두가 정말로 자폐인이 되어 가고 있는 것일까요?

리카르도 마체오에게

태양 아래 새로운 것은 많지 않습니다. 오래전에 지그문트 프로이트는 인간의 행동과 상호작용에서 매우 논란의 여지가 많았던 '정상'과 '병리'의 구분과 둘을 분리하고 있는 장벽 — 사실 치료 불가능하고 환원 불가능할 정도로 복잡한 생활세계에서 대부분 '이것 아니면 저것' 식의 명확성과 단순함을 추구하는 관습 — 에 의문을 제기하면서 장벽을 거의 모두 없애 버렸습니다. '자폐증'을 정의할 때는 언제나 필요조건, 제한, 단서, 추가 사항이 따라붙습니다. 증상 목록은 잠정적일 뿐 언제든 바뀔 수 있습니다. 이런 점에서 자폐증이라는 개념은 불확실하고 모호할 뿐만 아니라 '본질적으로 논란의 여지가 있는' 것이 사실입니다. "자폐증의 원인을 파악하고 진단법을 향상시키며 새로운 치료법과 개입 방법을 개발하는 선구적인 의학 연구"를 목적으로 하는 '아우티스티카Autistica'라는 단체는 공식 웹사이트에서 "우리는 영국을 대표하는 자폐증 의료 연구 자선 단체로서 인간의 삶을 변화시킬 중개 연구*에 자금을 지원하는 일을 하고 있다"고 밝혔습니다. 아우티스티카는 이렇듯 자신들을 신뢰할 만한 단체로 소개하면서 자폐증의 복잡한 성격을 강조합니다. "자폐 스펙트럼은 매우 넓습니다. 어떤 사람은 언어 장애와 지적 장애가 있어 다른 사람과 상호작용할 수 없습니다. 하지만 어떤 사람 (예를 들어, 아스퍼거 증후군 환자)은 언어 능력이 아주 좋거나 특출나지만 사회적 행동의 규칙을 이해하는 데는 어려움이 있습니다."[6] 자폐증의 원인이 불확실하다는 언급도 꽤 자주 등장합니다.

자폐증에 영향을 미치는 환경적 요인을 확실히 규명하는 것은 더 어렵습니다. 또한 이런 환경적 요인이 자폐증의 발병에서 개인의 유전적 위험과 어떻게 상호작용하는지도 불분명합니다. 자폐증 발병의 위험은 부모의 나이 같은 요인과 관련이

---

* 중개 연구 : translational research. 기초과학 연구를 통해 밝혀진 개념·지식·기술 등을 질병의 진단과 치료를 위해 활용해 임상에서 실제 사용될 수 있는 단계까지 연계해 주는 연구.

있지만, 환경적 요인과 자폐증 간의 직접적인 인과 관계(예방 접종 포함)는 아직 밝혀지지 않았습니다.

자폐증 증상 중에서 가장 이해하기 힘든 것은 사회적 의사소통의 어려움, 사회적 상호작용의 어려움, 사회적 상상력의 어려움이 아닐까 합니다.[7] 사실 이런 종류의 어려움은 누구나 한두 번쯤 경험하지 않나요? 그러면 중증 혹은 경증 '자폐증'을 앓고 있는 영국인이 50만 명에 이른다는 추정은 현실과 맞지 않는 억측이 아닐까요?

당신은 "우리 모두가 정말 자폐인이 되어 가고 있는 것일까요?"라고 물었습니다. 질문한 이유는 충분히 이해할 수 있습니다. '사회성' — 서로 이해를 추구하고 그것을 가로막는 장애물을 함께 제거하고자 하는 상호작용(지구의 디아스포라화의 진전으로 거주지의 다양성·이질성·다중심성이 증가하면서 그 중요성이 날로 커지고 있는 활동) — 의 어려움은 우리 시대 사람들을 힘들게 하는 가장 흔하고 교활한 고통 중 하나이고 이 고통은 앞으로도 오랫동안 지속될 수밖에 없을 테니까요.

'사회성'은 아직 시도되지 않았고 불안할 정도로 알려지지 않은 위험한 모험을 향해 문을 열어 두는 호기심의 태도이자 실천이라고 할 수 있습니다. 이는 소통을 회피하려는 충동, 즉 분리하고 울타리를 치고 문을 잠그려는 충동을 완화하고,

더 나아가 억제하는 태도입니다. 사회성은 한스 게오르크 가다머Hans Georg Gadamer가 말한 '지평들의 융합'을 시작할 수 있게 해 주지만, '협력'으로 가는 길을 열려면 더 많은 것이 필요합니다. 협력의 샴쌍둥이인 연대로 가는 길을 열려면 말이죠. 사회성에서 연대로 이어지는 길 어딘가에서 새로운 기술, 즉 세상을 공유하고 차이와 상호작용하는 중요한 기술을 습득해야 합니다. 이 기술이 없으면, '낯설고' 모호하며 지금으로서는 이해할 수 없는 것에 대한 두려움을 극복하는 것, 그리고 너무나 흔히 볼 수 있듯이 불확실성(즉 어떻게 나아가야 할지 모르는 것)에 직면한 사람들을 해산시키고 심지어 얼어붙게 만들 수도 있는 불안/두려움을 극복하는 것은 불가능합니다. 하지만 문제는 현대 사회의 많은 측면이 이러한 기술의 습득을 방해하거나 우리가 그 습득에 필요한 힘든 일을 피하도록 유혹하는 경향이 있다는 것입니다. 그러한 측면은 교묘하게 또는 노골적으로, 공개적으로('이성에 호소하는' 권유를 통해) 또는 은밀하게(상호작용의 환경/배경과 행동의 도구를 조작함으로써) 일을 수행합니다. 오프라인의 불편한 다양성을 회피하는 온라인 피난처는 그러한 부적절한 효과를 유발할 수 있는 주된 방법 중 하나로서 아마 가장 효과적인 방법일 것입니다.

지금까지 깨어 있는 시간의 절반가량을 침략하고 합병하며 식민화해 온 '온라인' 제국은 갈수록 점점 더 많은 사람들이 기꺼이 함께 흥얼거리는 곡조를 만들어 내고 있는 것 같습니다. 온라인 제국이 대중적인(갈수록 흔히 볼 수 있어서 점점 더 보편적인 것이 될 것 같은) 지식과 경험에 미치는 영향은 매일매일 확대 심화되고 있습니다. 우리가 살고 있는 이중 세계의 절반인 온라인 세계는 학교, 직장, 이웃, 도시 거리 등 오프라인 세계에서는 거의 상상할 수 없는 종류의 가능성을 제공합니다. 즉 다양성과의 공존이라는 과제를 카펫 밑으로 치워버릴 수 있는 가능성을 제공합니다. 방문객들에게 그러한 과제를 직시하고 사회성에서 협력으로, 협력에서 연대로 가는 길고 울퉁불퉁하고 구불구불한 길로 나아가게 하는 대신, 저 과제 주위에 울타리를 치고 저 과제를 부적절한 것으로 만들고 무시하는, 오프라인 세계에서는 누릴 수 없는 즐거움을 가지고 방문객들을 유혹합니다. 그 결과 온라인 세계는 일종의 '안전지대'를 제공합니다. 즉 이방인이 없고 따라서 문제가 없는 지대, 복잡한 오프라인 현실의 아우성에서 격리된 영역 말입니다.

페이스북의 '친구 네트워크'는 현실의 대규모 빗장 공동체의 디지털판입니다. 하지만 오프라인의 빗장 공동체와 달리, '친구 네트워크'는 입구에 CCTV도 무장경호원도 없습니다. 마우스와 마법의 '삭제' 키로 무장한 작성자/관리자/소비자의 손가락만 있으면 됩니다. 그리하여 인간 고유의 사회성은 불안정한 협업과 그러한 협업이 잉태하고 있는 '지평들의 융합'으로 빠져들 위험, 그리고 결국 연대로 변질될 위험에서 벗어나게 됩니다. 하지만 그러한 위험을 받아들이지 않으면, 사회적 기술은 무용지물이 되고 결국 잊힙니다. 그럴수록 낯선 사람의 현존은 더욱 무섭고 불쾌하고 혐오스럽고 소름 끼치는 것이 됩니다. 또한 낯선 사람의 현존과 만족할 만한 타협점을 만들어 내려는 시도의 어려움은 훨씬 더 압도적이고 실로 극복 불가능해 보입니다.

사회 심리학의 아버지로 여겨지는 독일계 미국인 심리학자 쿠르트 레빈Kurt Lewin은 제2차 세계대전 중 당시에는 진단되지 않은 희귀 장애를 가진 최전방 군인들을 돌보는 임무를 맡게 되었습니다. 일반 군인들은 반드시 지켜야 하는 엄격한 루틴을 완벽하게 수행할 수 있었지만, 문제의 군인들은 루틴과는 다른 행동 중에서 선택을 해야 하는 상황에 처할 때마다 혼미 상태 — 우울과 무기력 — 에 빠지곤 했습니다. 레빈은 그 장애의 본질을 파악하기 위해 '행동' 개념을 '구체적' 수준의 행동과 '추상적' 수준의 행동으로 나누고, 최전방 외상 피해자들이 걸린 병은 추상적 수준의 행동 능력 상실이라고 주장했습니다. 제 생각에 우리가 다루는 문제와 큰 관련이 있는 것은 레빈이 고통을 다루기 위해 고안한 일종의 치료법입니다. 그는 거주자가 다양한 옵션을 비교·계산·선택할 필요가 없도록 생활 공간(예 : 모든 방마다 하나의 문, 하나의 전기 스위치, 바닥에 목적지 별로 다른 색의 선이 그어져 있다)을 설계했습니다. 그리고 실제로 이러한 일의성의 단순화된 공간에 들어선 외부 방문객은 거주자의 행동에서 어떤 종류의 '비정상'이나 병리도 감지할 수 없었습니다. 거주자가 이 단지를 떠나 간헐적으로 두 수준에서 행동할 능력을 요구하는 세상에 합류할 때까지는 말이죠.

해결하고자 하는 고통은 서로 다르지만, '소셜 웹사이트'와 쿠르트 레빈의 기발한 장치는 비슷하지 않나요? 둘 다 수많은 위험으로 가득한 '현실 세계', 따를 수도 없고 따를 의향이나 관심도 없는 표준적인 사회적 기술을 제시하는 '현실 세계'에서 불편해하고 어찌할 줄 모르는 개인들에게 '안전 지대'를 제공하기 위한 방법이 아닐까요? 오프라인에서 뭐든 하고 싶다면 지불해야 하는 대가를 지불하지 않고도 그리고 사회적 기술을 배우고 사용하지 않고도 '정상적인 삶'을 영위하고 자기 욕망을 따르고 자기 필요를 충족시키고 자기 꿈을 실현할 수 있는 문제 없는 영역, 안전 지대를 제공하기 위한 방법이 아닐까요? 레빈의 환자들 사례에서 보듯이, 그러한 방법은 고통받는 이들의 고통을 치료하기는커녕 고통의 심각성을 드러내 줄 압박감을 감소시켜 치료의 중요성과 긴급성을 제거함으로써 오히려 고통을 고착화하고 지속시키게 되지 않을까요? 비정상을 정상으로 둔갑시켜 대안적인 상호작용 패턴을 더 불쾌하고 더 불안을 야기하는 것으로, 결국에는 더 수용 불가능한 것으로 만들기 때문에 저런 효과를 낼 수 있는 게 아닐까요? 그리하여 온라인이 탄생시킨 다양한 자폐로 고통받고 있는 사람들을 오프라인 세계—세계-내-존재의 자폐적 방식을 병리적인 것으로 간주하는 세계—에서 활동하는 데 훨씬 더 부적합한 존재로 만들고 있는 것이 아닐까요? 훨씬 더 온라인 '안전 지대'에 은신하도록 만들고 있는 것이 아닐까요?

8

21세기의 은유

'액체 현대' 외에 21세기의 대표적 은유로 어떤 것이 있을까? 스테
파노 타니Stefano Tani는 스크린·알츠하이머·좀비 등 세 가지를 들
었다. 스크린은 자신을 바라보는 것, 알츠하이머는 자신을 비우는
것, 좀비는 자신을 변형하는 것을 가리킨다.

지그문트 바우만에게

나는 《사회학이란 무엇인가?》를 읽다가 마르셀 프루스트 (저의 첫 번째 중개자)가 《꽃핀 소녀들의 그늘에서*A l'ombre des jeunes filles en fleurs*》에서 엘스티르 Elstir에 관해 이야기하면서 펼쳤던 은 유에 대한 옹호의 메아리를 재발견했 습니다. 우리가 6장에서 이야기한 전 달의 근본 문제를 생각할 때, 이 메아리 가 당신의 딸인 안나 스파드Anna Sfard 가 쓴 텍스트에도 등장한다는 사실은 의미심장한 일이 아닐 수 없습니다.

《꽃핀 소녀들의 그늘 에서》 초판(1918)

소리가 음악 창조의 일부이듯, 언어는 개념 창조의 일부이다. 언어는 이미 만들어져 있는 생각을 포착하는 단순한 도구가 아니라 (…) 그 안에서 새로운 개념이 창조되는 매개체이다. 언어는 우리가 경험을 조직하기 위해 사용하는 개념 구조의 전달자이다. (…) 개념 구조의 이식 덕분에 언어는 끊임없이 발전한다. 언어는 마치 살아 있는 유기체처럼 그 유전자에 변화와 성장의 필연성이 새겨져 있다. 요컨대 오늘날 은유에 대한 연구의 가장 중요한 메시지 중 하나는 언어·지각·지식이 불가분의 관계에 있다는 것이다.[1]

프루스트는 사회적 가면 뒤의 인간을 규정하고 있는 형언할 수 없는 것과 마음의 불연속성을 표현할 단어를 찾기 위해 그 어떤 작가보다도 은유를 많이 사용했습니다. 프랑스의 문학 지식인들, 특히 앙드레 지드는 처음에는 프루스트를 비웃었습니다. 물론 지드도 나중에는 프루스트의 위대함을 인정했지만 말이죠. 어쨌건 앞서 인용한 안나 스파드의 말에서 중요한 것은 "언어·지각·지식이 불가분의 관계에 있다"는 통찰입니다.

당신은 은유를 "명료성을 위해서는 없어도 되는 장신구, 즉 말의 장식품에 불과하다"고 본 고대인들의 생각은 매우 잘못된 것이라고 이야기합니다.[2] "은유는 엄청나게 중요한 역할을 한다. 은유는 상상과 이해를 돕는다. 은유는 상상의 필수

불가결한 발판이자 아마 가장 효과적인 이해의 도구일 것이다."[3] 또한 당신은 그레고리 베이트슨Gregory Bateson이 말하는 "3차 학습 상황, 즉 새로운 현상의 특징을 포착하기 위해 너무 조밀하거나 성긴 기존의 개념적 네트워크를 새로운 인지 틀로 재조합할 필요성"[4]에 대해서도 이야기합니다.

현실에 중요한 변화가 일어날 때라든가 우리의 눈앞에 등장한 새로운 이미지를 포착할 단어가 없을 때, 우리는 기존의 단어로 그것을 어떻게 설명해야 할지 난감합니다. 이럴 때는 은유가 도움이 될 수 있습니다. 실제로 "권력, 계급, 개별 집단, 인간관계, 사회적 유대, 심지어 사회 자체"[5] 등의 은유가 그런 역할을 했습니다. 당신이 만든 '액체 현대'라는 용어도 마찬가지입니다. 당신이 제시한 후, 유럽중앙은행 총재 마리오 드라기Mario Draghi부터 일간지 《레푸블리카Repubblica》 기자 미셸 세라Michele Serra에 이르기까지 모든 사람이 '액체 현대'라는 용어를 사용하고 있습니다. 이렇듯 은유는 우리가 세상에서 나아갈 방향을 찾는 데 도움을 줍니다.

그렇다면 '액체 현대' 외에 21세기의 대표적 은유로 어떤 것이 있을까요? 미국에서 9년간 가르치다 현재 이탈리아의 베로나 대학에서 종신 교수로 재직 중인 문학 교수 스테파노 타니Stefano Tani는 스크린, 알츠하이머, 좀비[6] 등 세 가지를 들었습니다. 스크린은 자신을 바라보는 것, 알츠하이머는 자신을 비우는 것, 좀비는 자신을 변형하는 것을 가리킵니다.

타니는 서면에서 인터넷 스크린으로의 전환 이전에 먼저 대화에서 서면으로의 전환이 있었다고 이야기합니다. 실제로 플라톤 — 은유에 대해 의구심을 품고 무시하던 — 은 자신의 말을 글로 남기지 말라는 소크라테스의 요청과 달리 소크라테스의 말을 글로 옮겼습니다. 카프카의 친구 막스 브로트 Max Brod도 자기 작품을 불태워 버리라는 카프카의 지시를 따르지 않았고, 덕분에 카프카의 걸작들이 우리에게 전해질 수 있었습니다. 하지만 지금의 전환, 즉 서면에서 컴퓨터·태블릿·아이폰 스크린으로의 이행은 훨씬 더 중요합니다. 어떤 식으로든 생각을 글로 옮기다 보면, 더 깊은 통찰에 이르게 됩니다. 글을 쓰는 사람은 자신의 생각을 곱씹고 펼치며 더욱 다듬습니다. 글쓰기와 더 깊은 사유의 관계는 네트워크와 덧없는 피상성의 관계와 같습니다. 타니는 이렇게 말합니다. "액체 현대의 세계는 모든 수중 다이버를 물에 빠져 죽고 싶어 하는 사람이라고 보며, 수중 다이버보다는 수면에 떠 있는 것을 쪼려고 물 위를 미끄러져 나는 갈매기를 선호한다."[7]

이것이 셀카 시대의 규범입니다. 이 규범은 극단적인 자기중심성의 산물이자, 갈수록 더 위협적이고 적대적인 것으로 인식되는 세계에서 모두가 사회를 차단한 채 자기 자신과만 있고 그럴 때만 안전하다고 느낀다는 사실의 산물입니다. 그리하여 스크린은 일종의 거울이 되고, 가장 방어력이 좋은 자신의 연장延長이 됩니다. 타니는 인간이 오랜 옛날부터 작업 도구를 사용할 때 뒤쪽을 잡는다는 점에 주목합니다. "외바퀴 손수레에서 전기톱, 진공청소기에 이르기까지, 우리는 작업 도구를 정면으로 마주 보지 않는다. 그런데 수천 년 전에 남녀가 서로 얼굴을 맞대고 짝짓기를 시작하면서 서로에 대한 호감을 발전시킨 것처럼, 오늘날에도 그들은 스크린 장치에 대해 애정까지는 아니더라도 의존성을 키워 가고 있다. 왜냐하면 각종 스크린 장치를 이용하기 위해서는 반드시 스크린을 바라봐야 하기 때문이다."[8] 실제로 스크린은 분명한 적까지는 아닐지라도 최소한 잠재적으로 파괴적인 타인들의 간섭에서 우리를 보호하는 방패나 차폐막과도 같습니다.

2014년 6월 25일 오늘, 당신에게 보낼 이 짧은 글을 마무리 짓기 위해 다시 글을 이어 나가기 시작했습니다. 그러다 《레푸블리카》에서 〈디지털 이민자로서 우리의 삶La nostra vita da immigrati digitali〉이라는 당신의 글을 보았습니다. 거기에서 당신은 우리가 편리하고 안락한 온라인 생활을 위해 치르고 있는 대가로 '주의·집중·인내와 더불어 장수의 가능성'을 이야기합니다. 타니도 자기 책에서 21세기의 두 번째 은유인 알츠하이머병에 대해 이야기합니다.

(알츠하이머는 결핵처럼) 파괴나 (암처럼) 침투에 의한 것도 아니고 회피에 의한 것이다. 정확히 말하면, 에고가 이전 세대들이 직면한 것보다 훨씬 더 강도 높고 훨씬 더 많은 양의 정보와 요구에 공격당하는 신체로부터 대피·철수하는 것이다. (…) 알츠하이머에 걸린 사람은 기억 장치를 잃은 컴퓨터 같아서 기능도 감각도 없는 단순한 상자가 된다. 마더보드는 자성을 잃어버리고, 더 이상 프로그래밍 되지 않은 경로에 있는 데이터는 아무것도 아닌 것이 된다. 사무엘 베케트는 절망적이고 무기력하며 실어증과 기억 상실증에 걸린 캐릭터들을 통해 모든 것을 무화하는 이러한 21세기의 은유를 보여 준 선구적인 극작가였다.[9]

오늘날 쏟아지고 있는 엄청난 양의 정보에도 불구하고 이러한 '상실'의 과정이 일어나고 있습니다. 당신이 강조했듯이, 기억이 전자 장치로 위임되고 있기 때문입니다. 우리는 '업그레이드되고' 있다고 생각하지만, 사실 업그레이드된 인간은 이런 식으로 더 이상 쓰지 않는 기억 용량을 잃어 갈 수밖에 없습니다. 타니가 맥루한의 말을 인용해 말하고 있듯이, 모든 확장은 (동시에) 절단입니다. "모든 발명이나 기술은 우리의 물질적 신체의 확장이거나 절단이며, 동시에 그러한 확장은 신체의 나머지 기관과 확장 사이에 새로운 비율 혹은 새로운 균형을 요구한다."[10]

당신은 서구 사회 전체의 문제가 된 새로운 쓰레기 관리 산업에 대해 자주 이야기했습니다. 즉 우리에게 매일 제공되는 뉴스의 주목적이 우리가 전날까지 들은 뉴스를 잊어버리게 만드는 것이듯이, 오늘날 우리는 자신의 '직장' 메일함에 침투한 스팸 문자와 원치 않는 메시지를 삭제하느라 너무 바빠 디지털 에티켓 수준을 넘는 꽤 진정성 있는 메시지를 쓸 시간이 없다고 썼습니다. 타니는 말합니다.

> 휴가, 결혼식, 증가하는 단기 계약직 일자리 등과 같은 활동들의 시간이 계속 줄어들어 온 것과 마찬가지로, 하나를 저장하기 위해 다른 하나가 삭제되고 모든 것이 아주 짧은 시간 동안만 지속된다. (⋯) 모든 것이 간접적이다. 간접적인 정보와 이미지들 — 하지만 고화질 — 에 너무 익숙해져서 종종 직접적인 것이 이상하게 느껴질 정도이다.[11]

좀비의 이미지는 알츠하이머의 은유에서 파생된 것입니다. 헬스장에서 매일 몸을 단련하면서 다이어트를 통해 '날씬한' '최상의 상태'를 추구하는 세상에서, 몸은 우리가 누구인지를 말해 주어야 한다는 본분을 망각하고 있습니다. 그나마 우리의 정신은 가상 연결을 통해서긴 해도 여전히 가치 있는 유일한 인간 표현으로 남아 있는데, 알츠하이머병은 이마저도 박탈해 감으로써 우리를 좀비로 만듭니다.

타니는 리사 제노바Lisa Genova의 소설《여전히 앨리스 *Still Alice*》[12]에 대해 평하면서 우리가 에고 혹은 '이오io'를 위임한 전자 장치와 알츠하이머병 사이에 강력한 연관이 있다고 말합니다(마치 기기의 우위를 인정하듯이, iPhone의 첫 글자가 대문자 'I'나 'Io'가 아니라 소문자 'i'이고 바로 뒤의 phone의 첫 글자가 대문자 P인 것은 우연이 아닐 겁니다). 소설의 주인공 앨리스는 하버드 대학의 뛰어난 심리학 교수로 놀라운 기억력을 갖고 있으며 멀티태스킹 능력이 매우 뛰어납니다. "그녀는 항상 한 번에 세 가지 일을 하고 열두 가지를 생각했다."[13] 하지만 그녀는 50살에 조발성 알츠하이머병에 걸리게 되고 불과 몇 달이 지나지 않아 그녀의 삶은 산산조각 나게 됩니다.

그녀의 가족은 그녀가 바로 앞에 있는데도 마치 없는 듯, 방 안에 있는 물건인 듯 그녀의 병에 대해 이야기합니다. 그녀는 강의도 할 수 없게 되었습니다. 모든 것을 잊었기 때문에, 이제 그녀는 자신이 블랙베리에 작성해 놓은 지침들에 의존할 수밖에 없게 됩니다. 마치 가브리엘 가르시아 마르케스 Gabriel García Marquez가 쓴《백 년 동안의 고독》의 주인공들이 불면증(과 기억상실)에 고통받게 되자 더 이상 무슨 말인지 이해할 수 없게 될 때까지 자신이 종이쪽지에 적어 놓은 메모에 의존했던 것처럼 말입니다. 앨리스는 치료를 받는데도 아무 효과가 없자 자살을 결심하고, 이 결심을 블랙베리에 입력해 놓습니다. 하지만 힘든 하루가 끝날 무렵, 남편이 냉동고에서 그녀의 휴대폰을 발견하게 됩니다. 냉동고에 있던 휴대폰은 완전히 망가진 상태였습니다. 이 소설은 다음과 같이 끝납니다. "내가 왜 죽은 전자수첩 때문에 이토록 화가 났을까? 어쩌면 전자수첩의 죽음은 하버드 대학에서의 그녀의 지위 상실을 상징하는 것으로 그녀는 그것을 슬퍼하고 있었던 것일 수도 있다. 하지만 그녀가 느낀 것은 분명 블랙베리 자체의 죽음에 대한 더없는 슬픔이었다."[14]

타니는 자신의 책에서 당신과 당신이 쓴 《소비하는 인간 Homo consumens》(2007)[15]에 엄청난 경의를 표하고 있습니다. 타니는 저서에서 조지 A. 로메로George A. Romero가 만든 두 번째 좀비 영화 〈시체들의 새벽Dawn of the Dead〉(1978)의 한 장면을 소개합니다. 이 영화에서 마치 나사로와 같이 완전히 죽은 것도 정말로 살아 있는 것도 아닌 존재인 좀비들은 생전에 가장 사랑했던 장소인 쇼핑몰을 향한 거부할 수 없는 부름을 느낍니다. 헬리콥터를 탄 일부 생존자들은 끔찍한 모습으로 비틀거리며 쇼핑몰을 향해 걷는 좀비들을 공중에서 바라봅니다. 한 사람이 묻습니다. "좀비들이 뭐하고 있는 거죠? 왜 여기로 오는 거죠?" 다른 사람이 대답합니다. "일종의 본능이죠. 그들이 늘 하던 것에 대한 기억이요. 이

곳은 저들의 삶에서 중요한 장소였으니까요." 그런 다음 타니는 다음과 같이 쓰고 있습니다.

> 썩어 문들어져 가는 몸을 이끌고 비틀거리는 걸음으로 기억 속에 남은 유일한 장소인 자신들의 지상 낙원으로 되돌아가는 좀비들은 오늘날의 소비자들에 대한 의미심장하면서도 불길한 상징처럼 보인다. 서구의 비틀거리는 번영과 복지 국가가 존재하는 한, 소비자들은 소비를 통해 자기 자신을 낭비하다가 결국은 동양에서 온 열렬한 초보 소비자들에게 잡아먹히게 될 것이다.[16]

이 은유들이 21세기의 은유로 적절하다고 보시는지, 또한 당신이 생각하는 다른 은유가 있는지 궁금합니다.

리카르도 마체오에게

스테파노 타니의 책을 직접 읽을 수 없어 아쉽습니다. 영어본이 나오기까지는 상당한 시간이 걸릴 것으로 보입니다. 당신이 인용한 글들과 당신이 말한 내용으로 볼 때, 타니는 많은 통찰을 보여 주는 정교하고 예리하면서 매우 독창적인 사상가인 것 같습니다. 당신이 타니에 관해 한 말들을 읽다 보니, 조지 레이코프George Lakoff와 마크 존슨Mark Johnson 이 쓴 《삶으로서의 은유》(1980)가 생각났습니다. "은유는 언어뿐만 아니라 사고와 행위에 이르기까지 일상생활에 널리 퍼져 있다. 우리의 생각과 행위의 기초를 형성하고 있는 우리의 일상적 개념 체계는 근본적으로 은유적이다." 은유는

"가장 평범하기 그지없는 사소한 것들에 이르기까지 우리의 일상적 활동을 지배한다." 당신의 말에 따르면, 타니는 21세기를 살아가는 경험을 파악하고 표현하는 데 가장 적합한 세 개의 은유를 제안함으로써 지금 우리가 살고 있는 세상에 대한 우리의 사고방식이라든가 '일상적 활동'을 재고하고 갱신하고자 합니다. 또는 은유가 행동을 촉진하는 힘을 갖고 있다는 점을 고려할 때, 타니는 이미 잘 진행되고 있는 재고와 갱신 활동을 돕거나 효율적으로 만들고자 한다고 볼 수도 있습니다.

주목할 만한 점은 타니가 제안한 세 개의 은유가 모두 에고와 관련이 있다는 것입니다. 그 은유들은 모두 오늘날 우리가 우리 자신에 대해 생각하고 행동하는 경향을 포착하고 알기 쉽게 표현하기 위한 것입니다. 이런 은유를 선택한 것으로 미루어 볼 때, 타니는 우리의 사고와 행동을 지배하고 있는 문제들이 자기 지시적이라고 주장하는 데 그치지 않고 더 나아가 자기 지시적이라고 전제한다고 볼 수 있습니다. 자기 지시는 그가 제시한 세 개의 은유들의 공통분모입니다. 타니가 언급하고 있지는 않지만, 그가 제시한 세 개의 은유에는 메타 은유 혹은 매트릭스 은유가 함축되어 있습니다. 제 생각에 21세기의 모든 은유에 함축되어 있는 이 종합적 은유는 바로 나르키소스입니다.

새삼스러울 게 없는 이야기입니다. 19~20세기의 메타 은유는 피그말리온이었습니다. 그는 자신이 완전한 계획과 기술로 창조한 갈라테아와 사랑에 빠졌습니다. 그는 경외심과 경탄에 사로잡힌 나머지 자신이 만든 창조물 앞에 무릎을 꿇었습니다. 갈라테아는 인간들이 또는 적어도 위대하고 놀라운 예술가들이 세상 즉 물질과 정신, 자연과 사회를 상대로 할 수 있고 하고 있고 하기로 결심한 것의 상징이었습니다. 그녀는 세상을 인간의 꿈과 구상, 의지와 노하우에 순응·복종하게 만들 수 있는 인간의 능력, 너무나 인간적인 능력의 상징이었습니다. 19~20세기에 세계에 대한 관리·경영이라는 인류의 역사적 모험은 절정에 이르렀습니다. 하지만 동시에 모험가들은 자신들이 타고 올라간 준령에서는 보이지는 않는 반대편 경사면(라인하르트 코젤렉Reinhardt Kosseleck의 멋진 은유를 빌리자면)을 엿본 것 같은 느낌을 받았습니다. 자신감과 활기에 가득 찬 낙천적인 예감의 한켠에서 우울하고 끔찍하고 잔인한 현실을 보았습니다.

메타−은유는 죽었지만 또한 살아 있습니다…. 피그말리온이 폐위되면서 비워진 왕좌는 나르키소스라는 왕위 계승자를 기다리고 있었습니다. 왕좌는 바뀌었지만, 왕조는 바뀌지 않았습니다. 피그말리온과 나르키소스는 힘과 기술이라는 선물을 준 일로 숭배를 받는 유명한 프로메테우스 가문의 후예

였으니까요. 하지만 종종 그렇듯이, 새로운 왕위 계승자의 대관식은 신앙과 숭배에서 일어나게 될 급진적 변화의 신호탄이었습니다. 물론 '왕의 영토에서 신민들은 지배자의 종교를 따른다'는 원칙(분화와 파편화가 증가하면서 갈수록 의사소통이 복잡해지고 간섭하는 성격을 띠게 된 근대의 문턱에서 16세기의 최고 통치자들이 선포했듯이)은 지금도 마찬가지입니다. 어쨌건 새로운 사원의 제단 위를 맴돌고 있는 것은 이제 더 이상 인간에 의해 만들어지고 관리되는 세계(자연이든 사회든 간에)가 아니라 이 세계의 생산자요 운영자인 자기 자신입니다. 물론 이 생산자/운영자도 이제는 자리에서 물러나 자기중심적이고 자기만 생각하는 소비자의 모습으로 환생했지만 말이죠.

소비자consumer…, 이것이야말로 또 하나의 은유입니다! 이 말의 라틴어 어원 '콘수메레consumere'는 '다 써 버리다, 고갈시키다, 닳아 없어지다, 파괴하다'의 뜻입니다. 그 반의어인 생산자producer의 라틴어 어원 '프로두케레producere'는 그 관련 의미 중에 '꺼내다, 내놓다, 낳다'와 같은 비유적 의미도 있습니다. 생산자와 소비자라는 단어 간의 대립은 본질적으로 우리가 공유하는 세상에 뭔가를 더하는 것과 덜어 내는 것 사이의 대립입니다. 또한 창조와 파괴 사이의 대립이기도 합니다.

이미 1955년에 빅터 르보우Victor Lebow는 소비자가 생산

170

자를 대신해 사회의 주인공(초창기 인류학자들의 표현을 빌리면, '기본 성격basic personality')이 될 것이라고 일찍이 예측한 바 있습니다.

> 우리의 대량 생산 경제는 소비를 생활방식으로 만들고, 상품의 구매와 사용을 의례로 전환하며, 소비에서 정신적 만족과 자아실현을 추구할 것을 요구한다. 이제 사회적 지위, 사회적 인정, 사회적 평판의 척도는 소비 패턴이다. 오늘날 우리 삶의 의미와 중요성은 소비로 표현된다. 개인에게 안전하고 일반적으로 인정되는 사회적 기준을 따르라는 압력이 커질수록, 집·자동차·음식·취미 등 자신이 입고 운전하고 먹는 것을 통해 자신의 열망과 개성을 표현하는 경향이 강해진다.[17]

이로부터 60년이 지난 지금, 자크 페레티Jacques Peretti의 BBC 다큐멘터리 미니 시리즈 〈우리를 소비하게 만든 사람들〉은 새로운 상황을 생생하게 묘사했습니다. 필리파 조델카 Filipa Jodelka[18]는 이 시리즈를 논평하면서 "이 프로그램이 보여 주듯이, 우리의 경제 전체가 끊임없는 소비 기계에 의존하고 있고, 이 기계가 망가지면 문명은 막다른 골목에 이르게 된다"고 말합니다.

나르키소스가 피그말리온을 대신하여 21세기의 인간들에 대한 메타 은유로 적합한 이유가 하나 더 있습니다. 피그말리온이 내구성을 대표하는 대리석으로 만들어진 무겁고 단단한 조각상과 사랑에 빠진 반면, 나르키소스는 같은 강에 두 번 들어갈 수는 없다는 헤라클레이토스의 말처럼 끊임없이 움직이고 변화하는 불안정성의 전형인 강물에 비친 자신의 모습에 매혹됩니다.

내가 지금껏 본 것 중에서 20세기의 경험을 가장 잘 요약한 《인생 사용법La vie: mode d'emploi》[19]의 저자 조르주 페렉 Georges Perec은 나르키소스의 도래가 임박한 것을 직감한 최초의 작가라고 할 수 있습니다. 그는 《사물들Les choses》[20]이라는 소설에서 두 주인공인 24살의 제롬과 22살의 실비에 대해 다음과 같이 말하고 있습니다. "슬프게도 그들은 단 하나의 열정, 오직 더 높은 생활 수준에 대한 열정만을 갖고 있었고, 그 열정은 그들을 피폐하게 만들었다."[21] 이러한 세상에서의 삶을 크리스토퍼 래시Christopher Lasch는 《나르시시즘의 문화Culture of Narcissism》(이 책은 조금 뒤에 다시 이야기 하겠습니다)에서 한 문장으로 요약하고 있습니다. "우리 사회에서 매일 매일의 경험은 개인에게 새로운 장난감과 마약의 끝없는 공급을 원하고 필요로 하도록 가르친다." 이미 20세기의 문턱에서 소스타인 베블런Thornstein Veblen[22]은 앞으로 올 일의 전조 증상, 즉 제롬과 실비의 삶의 궤적을 끊임없이 매번 바로 윗 단계의 추구로 몰아갈 전조 증상을 알아차렸습니다. 그는 말합니다. "각 계층의 구성원들은 바로 위의 계층에서 유행하는 인생 계획을 자신들의 이상으로 받아들이고 그 이상에 따라 살기 위해 에너지를 쏟는다. 실패할 경우에 뒤따를 평판과 자존심의 상실을 각오하고서, 그들은 적어도 외견상으로는 저 이상을 따라야만 한다."[23]

"적어도 외견상으로는" 바로 여기에 어려움이 있습니다. 베블렌이 이런 주장을 하고 나서 60~70년 뒤에, 현상은 실재를 정복하고 실재의 영역을 식민화했습니다. 현상은 보들리야르가 말하는 '시뮬라크룸simulacrum'으로 지위가 격상되었습니다. 잘 아시겠지만, 시뮬라크룸은 실재와 가상의 차이를 없애고 그 차이를 '결정 불가능한 것'이라는 데리다의 범주로 강등시켰습니다. 마치 정신 신체 질환(정신질환의 여러 가지 증상이 신체 증상으로 나타나는 질환 — 옮긴이)이 병과 꾀병의 차이를 없애 버렸듯이 말입니다. 나르키소스는 강물에 비친 자기 얼굴처럼 현상으로 이루어진 현실 속에서 살아갑니다. 현상이 정말로 중요한 시대에는 나르키소스가 메타-은유의 역할을 하게 됩니다. 그런 시대에는 현상이 에밀 뒤르켐 Émile Durkheim이 말하는 진정한 '사회적 사실'(뒤르켐의 표현대로, 단단한 불변의 실체— 압도적이고 절대 굴복하지 않으며 타협이 불가능한 실체, 즉 자신을 일소하거나 소멸시키려는 시도에 저항하는 실체)이 됩니다. '사회적 사실'이 된 현상은 언제나 나보다 한

발 앞서 있거나 나보다 한 단계 위에 있습니다. 따라서 모든 사람(혹은 거의 모든 사람)에게 그렇듯이, 나에게 삶은 사회적 사실의 수준으로, 즉 '유행하고 있는 삶의 계획'의 수준으로 올라가기 위한 끊임없는 노력, 필사적인 — 올라가도록 운명 지워져 있으므로 — 노력이 됩니다. 해리 트루먼Harry Truman 이 서로 다르면서도 비슷한 구조를 가진 문제에 직면했을 때 내뱉었던 말이 생각납니다. "모든 책임은 내가 지겠소."

타니가 제시한 스크린, 알츠하이머, 좀비의 은유는 자기 지시성이라는 특징을 갖고 있을 뿐만 아니라 그와 매우 유사하게 나르키소스라는 메타 은유에 뿌리를 둔(메타 은유에 의해 가능해지고 아마도 메타 은유가 만들어 낸) 순열로 볼 수 있습니다. '자신을 바라볼 것'을 지시하는 스크린, '자신을 비워 낼 것'을 지시하는 알츠하이머, '자신을 변형시킬 것'을 지시하는 좀비는 나르키소스의 중요한 특징/양상, 다시 말해 소비자 사회에서 살고 있다는 실존적 조건으로 인해 소비자의 트레이드마크가 되고 있는 활동을 상징합니다.

'저기에 있는' 세계, 즉 우리의 신체 바깥에 있고 우리의 자기 이미지 너머에 있는 세계에 대한 우리의 모든 지각은 '셀카'의 패턴을 따라가고 있습니다. 아주 최근에 기술적으로 가능해지면서 너도나도 열심히 받아들이고 있고, 그 결과 기존의 모든 사진 기록 방식을 마치 산불이나 흑사병처럼 빠르게 대체하고 있는 저 요술의 패턴을 말입니다. 최근에 니콜라스 루소Nicholas Rousseau가 지적했듯이,

> 오늘날 자기 자신을 찍고자 하는 사람은 원격 셔터 릴리즈나 리타더를 신경 쓸 필요가 없다. 현대의 나르키소스인 우리는 카메라나 휴대폰을 얼굴 앞에 대고 버튼을 누르기만 하면 된다. 이제 카메라는 세상을 향해 열려 있지 않고, 우리를 향해 열려 있다. 이제 소실점은 카메라를 들고 있는 팔의 연장선인 지평선이 아니라 우리 몸에 있다.[24]

하지만 '오늘날의 나르키소스'인 우리는 '셀피' 카메라와 휴대폰이 건네는 제안, 즉 우리의 지속적인 삶의 다큐멘터리에 '우리를 가둬 놓겠다'는 제안을 왜 그토록 열렬히 그리고 빨리 받아들인 것일까요? 나는 크리스토퍼 래시의 설명이 지금까지 이 특이한 문화적 전환에 대해 제시된 설명 중 단연 최고라고 생각합니다. 래시는 나르시시즘은 '체념한 자의 세계관'이라고 말합니다.[25]

> 미래가 없을까 봐 걱정하는 사회는 다음 세대의 필요라든가 항상 존재하는 역사적 불연속의 가능성에 그다지 주의를 기울이지 않을 것이다. 이것이야말로 우리 사회의 병폐이다. (…) 세상은 무섭고 위험한 것이라는 생각은 현대의 사회생활의

불안정성에 대한 현실적 의식에서 비롯된 것이지만, 공격적인 충동을 밖으로 투사하는 나르시시즘에 의해 강화된다. (…) 가장 원초적인 형태의 관능 숭배가 관능 거부를 수반하듯이, 정치적 해결에 희망을 걸기 힘들어질수록 커지는 인간관계에 대한 숭배는 그에 수반되는 인간관계에 대한 완전한 환멸을 은폐한다.[26]

"내적 공허, 외로움, 진정성 부재와 같은 경험은 (…) 전쟁 같은 (사회) 상황, 우리를 둘러싼 위험과 불확실성, 미래에 대한 확신의 상실 등의 산물이다." 우리는 "의존에 대한 두려움이 커질수록 타인들이 보여 주는 대리 온기"에 점점 더 의존하게 됩니다. 결론적으로 래시는 우리의 필요와 소망에 노골적으로 무관심할 뿐 아니라 우리의 필요와 소망을 대놓고 거부하는 지금과 같은 세상에서 "미국의 친절 숭배는 상품과 지위를 위한, 결국은 사회에서 살아남기 위한 살인적인 경쟁을 안 보이게 만들 뿐 근절하지는 못한다"고 주장합니다.[27] 래시가 쓴 책의 제목인 '나르시시즘의 문화'는 세상을 더 친절한 곳으로 만들려는 희망을 포기했다는 것을 나타냅니다. 나르시시즘의 문화는 희망의 포기와 거부 그리고 벗어날 길이 보이지 않는 외로움의 경험에서, 자신의 수중에 턱없이 부족한 자원만 남아 있다는 경험에서, 돌아갈 권리 —

환상 속에만 있는 ─ 도 없으면서 평생 되찾고자 헛되이 애쓰는 '바다 같은 자궁의 안락함'(프로이트가 1914년 에세이 〈나르시시즘에 관하여〉에서 표현했듯이)이라는 낙원에서 추방되는 경험으로부터 싹트고 자라납니다.

인류 역사가 시작되었을 때부터 우리는 줄곧 이런 모습을 보여 왔을지도 모릅니다. 그러나 열반과도 같은 더없는 안전함의 지복을 대신해 등장한 인위적이지만 '자연적 관계를 바탕으로 한' 대체물인 공동체나 가족이 보여 주는 끈끈한 유대가 지금처럼 치열한 경쟁과 상호 불신과 적대에 의해 금이 가고 취약해지고 파괴된 적은 결코 없었습니다. "결합에의 욕망과 분리되어 있다는 사실 사이의 긴장"[28]이 이토록 강력하고 우리를 해치고 우리를 절망 속으로 몰아넣은 적은 결코 없었습니다. 마이클 매코비Michael Maccoby가 250명의 관리자를 대상으로 한 연구에서 보고하고 있듯이,[29] 성공이 그저 자신이 하는 일에서 성공하는 것이 아니라 남들을 앞지르는 것을 의미하는 오늘날의 사회에서는 '친밀한 인간관계와 사회적 헌신'을 위한 여지는 거의 남아 있지 않을 뿐만 아니라 점점 줄어들고 있습니다. 우리 시대의 나르키소스들은 상반되는 두 전략 사이를 오고감으로써 저 불편한 긴장을 제거하려 애씁니다(이러한 시도는 약간의 성공만 거둘 뿐입니다). 하나는 근본주의적·종교적·세속적 분파들에서 페이스북의 '친구' 네트워크에 이르기까지 다양한 모습으로 등장하는 '어머니'와의 재결합입니다. 다른 하나는 '완전한 자족 상태', 즉 '타인의 필요성을 완전히 부정하는 것'입니다.[30] 한마디로 말해 신통치 않은 일을 잘 해 보려고 쓴웃음을 지으며 참는 것입니다. 두 가지 시도 모두 솔깃하게 들리지만 미봉책일 뿐 결코 장기적인 해결책은 못 됩니다. 진 트웬지Jean M. Twenge 와 키스 캠벨W. Keith Campbell[31]의 지적은 신랄하지만 정확합니다. "나르시시즘은 영혼의 패스트푸드이다. 그것은 당장은 입에 좋을지 몰라도 길게는 부정적이고 때로는 끔찍한 결과를 초래하는데도 여전히 많은 이들이 찾는다."

"고통과 박탈감에 매우 취약해진 수많은 남녀를 괴롭히는 고향 상실과 추방의 느낌 그리고 '모든 것을 가질 수 있다'는 약속과 현실의 한계 간의 모순"[32]을 특징으로 하는 오늘날의 사회에서 나르키소스가 메타 은유의 자리를 차지하는 것은 당연합니다. 이런 사회에서 사람들이 추구하는 것은 우리의 소망에 영향을 받지 않는—사실은 영향을 받는—환경, 하지만 '우리의 필요에 응답하는' 환경에서 만족스러운 삶을 사는 것입니다. 래시는 말합니다. "우리가 각자 세상의 한 귀퉁이를 이리저리 돌아다니며 알아보고 그것을 받아들일 수 있게 해 주는 것은 사랑과 일이다. 그러나 우리 사회는 소소한 안락이나 위안을 평가절하하거나 아니면 소소한 안락이나 위안에 너무 많은 것을 기대한다. (…) 우리는 삶에는 너무 많은 것을 요구하고 우리 자신에게는 너무 적은 것을 요구한다."[33]

"이길 수 없다면 같은 편이 되라"는 영국 속담이 있습니다. 소비자의 원형인 나르키소스가 자신의 야망과 기대를 충족시키기 위해서는 지금은 대체로 잊히고 잃어버린 장인의 원형인 피그말리온의 기술을 불러와 다시 배워야 하지 않을까요? 나르키소스를 메타 은유의 위치에 올려놓은 문화가 받는 것에서 주는 것으로, 파괴에서 창조로, 상점에서 사랑과 일로 중심을 옮기기만 한다면, 그것은 가능합니다.

이것은 가르강튀아의 과제인 동시에 헤라클레스의 과제입니다. 우리는 이 두 과제에 당장 정면으로 달려들어야 합니다. 두 과제와의 대면은 거기에 삶의 다른 과제들의 실현이 달려있는 메타 과제입니다.

9

트위터 문학의 위험성

인터넷은 백만 명의 사람이 백만 개의 마이크를 잡고 다른 누군가
의 노래를 각자의 버전으로 부르는 메가 가라오케다. 누구의 노래
인가? 그건 중요하지 않다. 중요한 것은 노래를 한다는 것이다.

_두브라브카 우그레시치

지그문트 바우만에게

수잔 손택은 내가 늘 존경해 온 인물입니다. 그녀의 책을
인용한 당신의 글을 읽고, 서가에서 그녀의 책을 다시 꺼내
읽었습니다. 그러다 손택이 크로아티아 작가 두브라브카 우
그레시치Dubravka Ugrečić의 책에 대해 쓴 글을 접하고 우그
레시치의 최신작 《가라오케 문화Karaoke Culture》[1]를 사서
읽었습니다. 당신은 현대 문화의 특징을 현대적 삶의 '메타-
은유'라고 정의했습니다만, 우그레시치는 약간 다르게 정의
합니다. 그는 '가라오케'라는 일본어를 선택해 지금의 문화
에 대해 논합니다. '가라오케'는 '노래는 없고 반주만 있는
오케스트라'라는 뜻인데, 우그레시치에게 이 말은 '우리는

원하기만 하면 할 수 있다'는 민주적 관념보다는 '우리는 가질 수 있기 때문에 원한다'는 민주적 실천을 의미합니다. 반주(즉 '비어 있는 오케스트라')에 자신의 목소리를 얹는다는 점과 타니의 성찰·비우기·변형의 은유를 형상화할 수 있다는 점에서 우그레시치가 말하는 가라오케에서 나르키소스의 모습을 볼 수 있습니다.

오늘날 사람들의 주된 관심은 진정한 자아의 발견보다는 진정한 자아로부터의 도피에 있습니다. 자아는 지루하고 재미 없는 개념이 되었습니다. 사람들은 자신을 파고드는 것보다는 자신을 다른 존재나 사물로 변신시키는 것에 훨씬 더 재미와 즐거움을 느낍니다. 나르시시즘의 문화는 가라오케 문화로 바뀌었습니다. 아니, 가라오케 문화는 나르시시즘의 문화의 결과일 것입니다.[2]

인터넷이 가라오케 문화의 승리를 가져온 주된 요인이라는 것은 굳이 말할 필요도 없습니다. 우그레시치는 다음과 같이 말합니다.

> (인터넷은 — 옮긴이) 우리의 환상과 상상의 영원한 불꽃 속으로 집어던져진 최대의 화약통이다. (…) 마오쩌둥이 말한 백화제방이 공산당에 대한 거침없는 비판이라는 악몽을 초래했듯이, (…) 지금은 메가-가라오케에서 수많은 사람들이 제각기

마이크를 잡고 다른 사람의 노래를 자신의 버전으로 부른다. 누구의 노래를 부르느냐는 중요하지 않다. 기억상실이 정보 혁명의 부산물인 듯하기 때문이다. 중요한 것은 노래를 부른 다는 것이다.[3]

이 즐거운 혁명, 사람들에게 흥분과 즐거움을 안겨 주는 이 정보·교육·미학의 민주화는 점점 우리의 모든 능력이나 전문성을 눈에 띄게 훼손하고 있고, 권위를 파괴해 혼란을 초래하고 있으며, 진정한 문화를 분쇄해 사이비 문화로 재활용하고 있습니다. 이런 맥락에서 옥스퍼드 대학의 문학 교수 앨런 커비Alan Kirby 교수는 '사이비 모더니즘'이라는 용어를 제안했습니다. 이 용어는 사람들 — 대개 아주 젊은 사람들 — 이 어떤 주제에 대해서건 지지 혹은 반대 의견을 공개적으로 올릴 수 있고 대중이 신뢰도가 낮은 위키피디아와 블로그를 더 믿고 갈수록 책과 신문을 읽지 않게 되고 그와 함께 정보의 관문이 낮아지면서 막대한 피해의 산사태를 향해 나아가는 현상을 말합니다. 《뉴요커New Yorker》에 어떤 개가 컴퓨터 앞에서 다른 개에게 "인터넷에서는 아무도 네가 개란 걸 몰라"라고 말하는 만화가 실린 적이 있는데, 이 만화는 재미있지만 동시에 끔찍하기도 합니다.

조나단 프랜즌은 《인생 수정》과 《자유》라는 두 편의 뛰어난 장편소설을 썼습니다. 그런데 그가 《인생 수정》과 《자유》 사이에 쓴 책이 있습니다. 얼마간 자서전적인 요소도 있으면서 간간이 비허구적인 성찰도 들어 있는 책입니다. (…) 소설에서는 이런 성찰이 우리 각자의 내면에 존재하는 빛과 그늘이라는 양가성의 영역을 보여 주는 허구적인 등장인물을 통해 드러나죠. '불안전 지대The Discomfort Zone'라는 제목 그대로 이 책의 주제는 불안전입니다. 불안전은 청소년기에 시작되는 모든 재탄생에 내재하는 것일 뿐만 아니라 삶의 고단함과 좌절을 초래하지만 모든 일이 잘 풀리면 인간적인 것으로 취급되는 실수와 실패의 근원입니다. 우리를 세상에 내놓은 첫 번째 출산 이후로도 고통스러운 분만이 길게 이어집니다. 고통스럽지만 변화·변형·발전을 위해 겪어야만 하는 분만들 말입니다. 그런데 용기를 찾아보기 힘든 오늘날의 세상에서는 이러한 힘든 과제에 도전하는 일이 사라져 버렸습니다. 이처럼 불안전을 회피하는 것은 우리가 이 세상에서 타인들과 함께 그리고 그들의 다양성과 이질성ἕτερος, ἕτερο과 함께 살아가는 길에서 벗어나는 것을 의미합니다. 요컨대 그것은 현실 생활에의 비참여를 의미합니다.

아바타는 다른 장소에서 다른 사람이 되고 싶은 우리의 환상적 욕구를 충족시킨다. 어른들은 아바타를 통해 근본적인 안

천 치대인 어린 시절로 돌아간다. 가상 세계는 또 다른 안전 치대이다. 세컨드 라이프라는 게임을 하는 어른들은 위험이나 결과가 없는 상황을 경험한다. 그들은 날지만 결코 떨어지지 않으며, (…) 성병에 대한 보호 수단 없이 성관계를 맺는다 (…). 게임 참가자들은 자신들의 세계에 대한 완전한 통제권을 갖는다. 그들은 마치 신이 된 듯 자신이 원하는 대로 자신을 연결하고 분리할 수 있다. 시뮬레이션 게임을 통해 청소년 세컨드 라이프 참가자들은 성인의 삶에 대해 많은 것을 배운다. 한 어린 소녀는 매춘부를 자기 아바타로 삼았다. 그녀는 내가 직접 매춘을 하는 것이 아니라 아바타가 매춘을 하는 것인데, 그게 뭐 그렇게 나쁜 일이냐고 말했다.[4]

최근에 《인테르나치오날레*Internazionale*》라는 잡지에 "일본의 베스트셀러 목록에서 소설이 사라지고 있다"[5]는 작가 코린 아틀라스Corinne Atlas의 발언이 실렸습니다. 베스트셀러 1위는 만화이고, 2위는 소설을 각색한 책이고, 브라질과 미국에서도 많이 볼 수 있는 웰빙과 자기계발서가 3위였습니다. 기본적으로, 오늘날 우리는 더 나은 삶에 무엇이 필요한지를 알기 위해 이해하기 쉽게 미리 정리되어 있는 손쉬운 해결책과 '전문가들'의 조언 사이를 오갑니다. 실제로 우그레시치는 일본에서 휴대폰 소설(일본어로는 케이타이 쇼세츠)이 기하급수적으로 확산되고 있는 현상에 대해 언급합니다. 이제 우리는 각색의 각색으로, 더 나아가 대강의 줄거리만 겨우 갖추고 있을 뿐 '문학'이라고 부르기 힘든 완전히 다른 이야기로 이동하고 있습니다.

> 휴대폰 소설은 걸러지지 않은 아마추어 작품이다. 표현은 단순하고 줄거리는 원초적이며 형식은 전통적이다. 일반적으로 여주인공은 어려운 상황(강간을 당하거나 임신을 하거나 남자 친구에게 버림받는 등)에 놓이게 되는 지방 출신의 젊은 여성이다. 이런 작가들 대부분은 학교를 중퇴한 교육 수준이 낮은 젊은 여성들이다.[6]

결국 문학 작품의 고전이 수탈당하고 해체됨으로써 교양의 결여와 독자들 —《작은 아씨들Little Women》을 《작은 뱀파이어 아씨들Little Vampire Women》로, 《이상한 나라의 앨리스Alice in Wonderland》를 《좀비 나라의 앨리스Alice in Zombieland》로 바꿔 버리는 사람들에 의해 잘못 인도된— 의 오락가락하는 취향과 '호환 가능한' 것이 된다면, 얼마 지나지 않아 이미 수백만 명의 소셜네트워크 독자를 보유한 트위터 문학만이 출판 시장에서 살아남게 될 것입니다.

우그레시치가 세컨드 라이프에 대해 단 각주를 읽다 보니, 에드가 모랭Edgar Morin의 《인간과 죽음L'Homme et la Mort》이 떠올랐습니다. 그녀는 말합니다.

지구상에 출현한 이래, 인류는 종교를 사용해 열정적이고 헌신적인 삶을 살아왔다. 오늘날 전 세계에서 세컨드 라이프, 즉 사후의 삶을 믿는 것은 22억 명의 기독교인들뿐이다. 물론 컴퓨터 게임인 세컨드 라이프는 종교에서 말하는 사후의 삶과 약간 다르지만, 이는 중요하지 않다. 사실 인간의 뇌는 언제든 다른 세계로 옮겨 갈 준비가 되어 있다. 그런 점에서 구글이 전능한 신이란 주장이 전혀 터무니없는 주장은 아닌 듯하다.[7]

1951년 모랭은 자기 저서에서 인간이 죽음을 대하는 태도에 대해 강력하고도 예리한 인류학적 통찰을 제시했습니다. 또한 자신의 주장을 뒷받침하기 위해 이원론과 죽음-환생이라는 두 개의 주요 개념을 내놓았습니다. 이 두 가지 도피—죽음 자체로부터의 도피가 아니라 죽음의 관념으로부터의 도피—형태는 탄탄한 철학적 체계와 밀접한 관계를 맺으면서 매우 다양하게 변형되어 언제나 존재해 왔습니다. 때로는 포이어바흐의 무신론까지도 받아들일 태세로 말이죠.

저 두 가지 도피의 형태는 공산주의에서는 지상의 구원에 대한 믿음으로 구현되었고, 사람들은 더 나은 공정한 미래의 세상을 위해 기꺼이 자신을 희생할 각오가 되어 있었습니다. 가톨릭이 가장 융성했던 시기에는 "나중 된 자가 먼저 될 것이다"는 내세에 대한 희망과 "카이사르의 것은 카이사르에게 돌려라"는 위안을 주는 계율로 인해 가난한 사람들은 쉽게 조종되었고 기존의 상태에 순응했습니다. 신에게 있든 프롤레타리아트에게 있든 과학이나 기술에 있든 간에, 제시할 수 있는 계획·기대·믿음이 있을 때는 대중을 복종하게 만드는 것은 비교적 쉬운 일이었습니다. 또한 오늘날 과격 이슬람주의자나 위대한 어머니 러시아*를 여전히 굳게 믿고 있는 많은 러시아인에게서 볼 수 있듯이(당신도 만난 적이 있는 저의 러시아인 친구는 많은 면에서 광신과는 동떨어진 사람이지만 종종 위대한 러시아 군대와 러시아 제국의 음악과 연설들, 군사 퍼레이드를 그리워하곤 합니다), 인간의 마음속에 가득 찬 분노를 파시즘이 속지주의** 신화와 인종 신화를 통해 만들어 낸 '적' 쪽으로 돌리는 것도 간단한 일이었습니다. 피그말리온이 나르키소스의 연못 속으로 가라앉으면서 가치도 감성도 빼앗기고 미래에 대한 계획도 아무런 믿음도 없게 된 서구 세계에서, 워너비·도플갱어·닮은꼴·아바타 등이 만들어 낸 가라오케 사이비 문화 말고 남은 것이 무엇이 있을까요?

---

* 위대한 어머니 러시아 : 러시아에서 러시아의 대지를 어머니에 비유해 쓰는 말. 2차 대전 중 인민을 결속하고 항전 의지를 불태우기 위해 주로 사용되었다. 러시아의 국가나 정부를 나타내는 '아버지 러시아'와 대비되는 표현이다.
** 속지주의 : 해당 국가의 법령이 해당 국가에 거주하는 모두에게 적용되는 것.

리카르도 마체오에게

예전에 나는 오늘날 지배적인 세계-내-존재 양식을 파악하려면 동일성identity이 아니라 동일화identification — 즉 가까운 길가의 여인숙에서 잠시 쉬는 시간을 제외하고는 결코 중단되지 않는 끝없는 노력, 영원히 진행 중인 결코 완성되지 않는 노력 — 에 대해 말해야 한다고 제안한 바 있습니다. 그런 의미에서 우리의 언어 상자에 '아바타avatar'라는 단어 대신에 '환생reincarnation'의 최신 버전이라고 할 수 있는 '아바타화avatarizing'라는 좀 어색한 단어를 추가해야 할 것 같습니다. 환생이란 개념은 액체 현대 세계의 주민들 사이에 널리 퍼져 있는 동양적 지혜에 대한 숭배 열기에 의해 열광적으로 재발견되어 변형·수용되었습니다. 다시 말하지만, 아바타화는 이런 환생의 최신 버전입니다. 환생이 통제는커녕 우리가 알지도 못하는 사이에 우리에게 일어난 일로 우리의 갈망과 선호와 무관한 것이었던 반면, '아바타화'는 우리가 하고 싶어하고 실제로 하고 있는 것을 우리가 원하는 대로 하는 것을 의미합니다. 그러니까 '아바타화'는 당신이 《가라오케 문화》에서 인용한 문장과 같은 의미입니다. '우리는 가질 수 있기 때문에 원한다.' 하지만 여기서 '가질 수 있기 때문에'를 '가질 만하기 때문에'로, 더 정확히 말하면 '구매할 만하기 때문에'로 바꿔야 할 것 같습니다. 왜냐하면 저 인용문은 '구매를 통해 가질 만하다'와 '내가 그것을 가질 수 있다' 사이에 존재하는 간극을 언급하지 않고 그냥 넘어가고 있기 때문입니다. 이 간극은 은행 계좌와 신용 카드라는 수단이 있어야만 뛰어넘을 수 있습니다. 이 간극은 짜증과 분노, 더 나아가 때로는 무력감까지 불러일으키는 원천이지만 그와 동시에 소비주의 경제에게는 생의 약동의 주된 원천입니다.

누누이 강조하지만, 선택은 우리가 선택할 수 없는 액체 현대적 삶의 여정을 구성하는 유일한 요소입니다. 선택은 예전에는 권리였지만 이제는 누구나 해야 하는 것이 되었습니다. 거부할 수도 없고 회피하거나 모면할 수도 없는 의무가 되었습니다. 더욱이 '환생'은 평생 단 한 번만 일어나는 사건인 반면, '아바타화'는 원칙적으로 매일, 매시간 일어날 수 있을 뿐만 아니라 멀티태스킹에 적합합니다. 뿐만 아니라 환생은 한 번 이루어지면 평생 짊어지고 가야 하는 것이지만, 아바타화는 살아 있는 한 계속 실행할 수 있습니다. 이 이야기를 하다 보니, 쇠로 만든 우리와 아무 때고 벗어던지고 다른 것으로 대체할 수 있는 가벼운 망토 간의 차이에 대해 막스 베버가 한 말이 생각납니다. 청교도 윤리와 관련된 베버의 이야기에서 볼 수 있듯이, 가벼운 망토는 쇠로 만든 우리로 변할 수 있는 놀라운 잠재력(그리고 성향!)이 있습니다.

공산주의로 개종한 사람은 "아무것도 아니던 우리가 모든 것이 되리라"고 〈인터내셔널가〉를 부릅니다. 그러면서 억압받는 자들과 가난한 자들을 향해 위로부터의 구원의 희망을 포기하고 대신에 "우리 스스로를 구원하는 데" 집중하라고 말합니다. 당신은 에드가 모랭의 주장을 받아들여 공산주의가 지상의 구원이라는 비전을 통해 "더 나은 공정한 미래 세계를 위해 자신을 희생"할 각오를 다지라고 사람들을 유혹·선동했다고 말합니다. 동양의 가르침이 약속한 환생과 마찬가지로, 마르크스주의가 기독교 신앙 못지않게 추종자들에게 보여 준 구원의 전망 역시 일회적이고 돌이킬 수 없으며 되돌릴 수 없는 변화, 되돌아갈 수 없는 스틱스 강을 건너는 것과 같은 변화였습니다. 말하자면 일방통행로였습니다. 현대의 액체화 물결에 실려 온 아바타화는 이것을 완전히 바꾸어 버렸습니다. 아바타화는 되돌릴 수 없는 최종 상태의 맹독으로부터 그리고 선택·결정·개입·착수의 필연적 결과로부터의 점진적 철수를 가져왔습니다. '운명적 선택'의 종식, '귀환 불능 한계점'으로부터 안전한 거리에서의 궤적 유지를 가져왔습니다. 선택과 결정에 수반되는 위험을 급격히 감소시켰습니다(더 나아가 그 위험 자체를 아예 제거하는 사례가 늘고 있습니다). 달리기에 실패하고도 다시 출발점으로 돌아가 잘못된 출발 기록을 지워 버리고 새로 시작할 가능성을 증가시켰습니다. 끊임없이 달라지는 모험들에 열광적 지지를 보내는 사람들 안에 존재하는 많은 공포·분노·원한의 원인인 저 '순간의 지속적 영향력'(니체의 차라투스트라가 곧 올 것이라고 선포한 초인의 이름으로 불평했던)을 제거했습니다. 한마디로, 아바타화는 현재를 움켜쥐고 있는 과거의 힘을 무장 해제시켜 버렸습니다. 혹은 최소한 과거의 힘의 무장 해제가 실현될 수 있기를 바랄 가능성 내지는 이미 무장 해제가 실현된 척할 가능성을 없애 버렸습니다. 어쨌든 이는 용감한 사람에게든 그렇지 않은 사람에게든 매우 이득이 되는 일입니다. 하지만 그 이득은 올바른 길을 보장하기는 고사하고 올바른 길을 보여 주지도 않습니다. 그 이득은 길의 선택 — 어떤 길을 선택하건 혹은 어떤 길을 선택하고 싶어 하건 간에 — 을 돌이킬 수 없음이라는 저주로부터 떼어 놓는 데 있습니다. 그냥 시도하고 시도하고 또 시도하는 데 있습니다. 이제 삶의 기술은 올바르게 시도하는 것보다 시도를 결코 포기하지 않는 데 있습니다.

이 저주와의 결별은 자율성과 자기주장의 권리와 역량을 위한 오랜 투쟁에서 일어난 거대한 도약이라고 격찬을 받았으며 이런 격찬은 지금도 이어지고 있습니다. 당신은 두브라브카 우그레시치의 말을 인용합니다. "세컨드 라이프 게임 (판타지 게임: 플레이어가 최대한의 만족을 약속하는 것을 찾아 상상의 자아와 역할을 디자인한 후 자신을 보여주기 위해 그것들을 남들이 볼 수 있게 올리는 게임)을 하는 성인은 위험이나 결과가 없는 상황을 경험한다. (…) 게임 참가자는 자신의 세계에 대한 완전한 통제권을 갖는다. 그는 마치 신처럼 자신이 원하는 대로 자신을 연결하고 분리할 수 있다." 완전히 열려 있는 가능성(결과가 어떻게 될지 모르는 가능성)에 대한 '완전한 통제권'은 더없이 매력적이지만, 그러한 매력의 이면에는 '아무런 위험도 없다'는 완전한 편안함이 있습니다. 왜 위험이 없을까요? 행복한 결과를 확신할 수 있기 때문이 아니라 언제든 또 다른 기회가 있기 때문입니다. 에피소드가 만족스럽지 않으면 언제든 자유롭게 그만두고 다른 에피소드를 찾아 떠날 수 있기 때문입니다.

모든 스피커와 광고판에서 쏟아지는 저런 달콤한 말들의 배후에는 막대한 돈이 있습니다. 완벽하지 않기에 다시 변환할 것을 요구하는 끊임없는 아바타화·재아바타화는 '만족한 소비자'라는 위협에 대응할 수 있는 가장 효과적인 방안입니다. 왜냐하면 '만족한 소비자'는 '새롭고 개선된' 유혹에 노출되지 않아서 만족한 것이거나, 새로운 매력이 '필요'나 '필수'로 위장한 새로운 욕구나 욕망을 유발하지 못해서 만족한 것이기 때문입니다. 어쩌면 게임 회사에서 제공하는 무수한 퍼스낼러티 선택지와 '새로운 시작'에 대한 끝없는 욕망 그리고 '재탄생'의 꿈이 하나로 결합해서 오늘날 소비주의 경제를 굴러가게 한다고 해도 과언이 아닐 것입니다.

두브라브카 우그레시치는 말합니다.[8] "아바타는 다른 장소에서 다른 사람이 되고 싶은 우리의 판타지적 욕구를 충족시켜 준다." "사용자가 어떤 모습을 선택하든, 아바타는 그런 모습이 될 수 있다."[9] 거의 누구나 즉각적으로 아바타를 이용할 수 있는 기능을 제공하는 놀라운 기계 장치인 가라오케의 이용자들은, "아바타를 통해 현실 세계에서보다 더 큰 자유(그들이 가장 자주 쓰는 단어)를 느낀다."[10]고 주장합니다. 나는 여기에 가라오케는 아바타화의 비용을 상당히 줄여 준다는 말을 덧붙이고 싶습니다. 아바타의 가라오케 버전은 가라오케 이전의 아바타 버전에 비해 훨씬 비용이 적게 들 뿐만 아니라 준비하는 데 필요한 학습·기술·시간·노력도 매우 적게 듭니다. 게다가 아바타의 가라오케 버전은 아바타화를 더 안전하게 만들어 줍니다. 왜냐하면 가라오케는 가상적으로도 실제적으로도 실험의 위험을 제거해 줄 뿐만 아니라 의욕적이고 열정적인 이용자가 자신의 대부분의 재능과 능력 이상으로 상상력을 펼칠 필요조차 없애 주기 때문입니다. 가라오케는 이케아 가구와 같습니다. 조립 설명서가 부품들과 함께 옵니다. 당신은 설명서의 그림대로 부품을 조립하기만 하면 됩니다. 완전한 만족을 보장하죠. 지도 없는 영토의 위험과 미지의 위험이 없는 조립의 즐거움을 보장합니다. 우스꽝스럽게 보일 위험 없이 다른 누군가가 되는 기쁨을 제공합니다. 혹은 자신의 길을 잃을 위험 없이 다른 곳에 있을 수 있는 즐거움을 선물합니다. 두 세계의 최고만을 담았죠. 다시 말해 자유와 안전을 한 번에 누릴 수 있는 패키지 상품입니다. 간절히 원하지만 완강하게 대립하는 두 가치의 결합이라는 영원한 꿈이 마침내 실현됩니다. 이것이 가라오케의 주된 매력이자 소비자주의 경제가 가라오케 같은 방식으로 상품들을 다시 재단하는 데서 놀라운 성공을 거둔 이유인 동시에 현재의 라이프스타일을 '가라오케 문화'로 정의한 우그레시치의 시도가 매우 적절한 이유라고 할 수 있습니다.

우그레시치는 인터넷을 "백만 명의 사람이 백만 개의 마이크를 잡고 다른 누군가의 노래를 각자의 버전으로 부르는 메가 가라오케"로 볼 수 있다고 말합니다. "누구의 노래를 부르는가? 그것은 중요하지 않다. (…) 중요한 것은 노래를 한다는 것이다."[11] 노래를 한다는 것은 반주를 만든 사람과 반주가 없으면 노래를 하지 않을 수백만 명의 사람들 모두에게 중요합니다. "인터넷은 마치 거대한 진공청소기처럼 카논(바로크 시대에 완성된 기악곡의 한 형식 ― 옮긴이)을 포함해 모든 것을 빨아들인다."[12] 하지만 정확히 말하면, 모든 것을 빨아들이지는 않습니다. 마이크를 잡고자 하는 꿈·욕망·의지는 인터넷, 더 거슬러 올라가 마이크가 발명되기도 훨씬 전에 출현했습니다. 그러니 효과적 수단도 안전한 수단도 없어서 위험을 무릅쓸 용기를 내지 못한 채 동면을 하거나 졸면서 언젠가 이런 제약에서 벗어나 이용될 날을 갈수록 초조히 기다리고 있던 이런 꿈·욕망·의지가 이미 있었기 때문에, 인터넷이 가라오케를 딱 들어맞는 문화의 은유로 만드는 놀라운 성공을 거의 즉각적으로 거둘 수 있었던 것입니다.

지그프리트 크라카우어Siegfried Kracauer는 지금으로부터 거의 한 세기 전인 1925년 3월 15일 《프랑크푸르터 차이퉁 Frankfurter Zeitung》에 〈여행과 춤〉이란 글을 발표했습니다. "오늘날 여행의 목표는 종착지가 아니라 새로운 장소 그 자체이다. (…) 지금은 피라미드와 골든 혼(터키 이스탄불의 해협 — 옮긴이)이 이국적인 곳이겠지만, 언젠가는 이 세계의 모든 곳이 이국적인 곳이 될 것이다." "오늘날 여행은 대부분의

골든혼Golden Horn

시간 동안 특별한 행선지가 없다. 여행의 의미는 단지 장소를 바꾼다는 데 있다."[13] 우그레시치의 말을 빌리면, 중요한 것은 노래를 부른다는 사실이지 어떤 노래를 부르는지는 중요하지 않습니다. 100년 전이든 지금이든, 우리는 다른 누군가가 되고 다른 어딘가에 있는 경험을 합니다. 꿈은 발전하지 않았고, 단지 꿈의 실현을 상상하는 기술만 발전했을 뿐입니다. 오늘날 대량 소비를 목적으로 개발되어 대량 생산되고 있는 디지털 기술은 판타지가 구체적인 형태를 갖출 수 있는 틀, 판타지에 따른 행동이 흘러갈 강바닥, 하구가 막히지 않도록 하는 홈 같은 것을 제공합니다. 가라오케 문화에서 자기표현에의 충동이 에너지를 공급하면, 이윤을 추구하는

시장은 물질을 공급합니다. 전자 기술은 사고와 행동의 형식과 내용을 공급하면서, 에너지와 물질이 — 엄청난 소비로 고갈되지 않도록 — 수요 상승을 앞지르며 계속 증가하도록 보장합니다.

이 모든 것에 대해 신과 역사에, 또는 마케터의 통찰력과 진취성에 감사해야 합니다. 크라카우어는 근대적 자아가 "자율성을 획득하기 위한 투쟁 속에서 발전"하고, 이후 "고도로 표현적이고 독특한 낭만주의의 개성"으로 완성되는데, 물질주의와 자본주의의 시대에는 "저 둘*이 점점 더 원자화되고 갈수록 임의적인 우연적 구성물로 전락한다"고 말했습니다. 그러면서 시대를 앞서 현대인이 마주하게 될 공백 공포 horror vacui 상태에 대해 이야기했습니다. "이 사람들**은 고립과 개별화의 저주에 시달린다. (…) 이 사람들은 유대도 굳건한 토대도 없기 때문에, 이들의 정신과 지성은 방향을 잃은 채 표류하며 어디에서든 집에 있으면서 동시에 어디에서도 집에 있지 않다."**14** 당혹스러운 일이긴 하지만, 우리에게 올바른 방향을 알려 주는 저 틀·강바닥·홈의 제공자들에게 감사해야 하지 않을까요? 더욱이 그들은 그런 일을 하면서도

---

* 둘 : 계몽주의의 이성적 자아와 낭만주의에서 드러난 개성을 가리킨다.
** 사람들 : 크라카우어가 직접 언급하는 바에 따르면, 대도시에서 외로운 시간을 보내는 학자·사업가·의사·법률가·대학생·지식인 등처럼 서로 모르지만 공동 운명으로 묶여 있는 사람들.

우리가 어디에서든 집에 있고 어디에서도 집에 있지 않은 상태에 있지 못하게 막지도 않을 뿐만 아니라 우리가 집에서 쫓겨나면—물질주의, 자본주의, 액체 현대의 세계에서 너무나도 현실적인 전망인—겪게 될 끔찍한 트라우마로부터 우리를 보호(또는 적어도 보호하겠다고 약속)해 줍니다.

10
마르고 습한

이제 자아는 어디로 가야 할지에 대한 결정을 도덕적 문제로 재생하는 실험실이 아니라 리텔의 소설에 나오는 파시스트 남성들처럼 아디아포라화의 공장이 되고 있다.

지그문트 바우만에게

앞 장에서 우리는 모든 형태의 노력을 쓸모없게 만드는 현재의 경향, 새로운 기술들이 선호하는 극도의 간편화, 모든 형태의 깊이 있는 탐구에 대한 만연한 억압 — 탐사보다는 서핑 — 과 더불어 문학이 점차 소멸해 가는 현상에 대해 이야기했습니다. 요컨대 그 현상은 "가장 깊은 것은 피부이다"라는 장 라신Jena Racine의 말을 확인시켜 줍니다. 즉 가장 기초적이고 직접적인 요소로 환원된 언어와 지각의 글쓰기의 0도를 보여 줍니다. 이러한 얄팍한 현상은 분명 우리에게 아무런 도움도 되지 않겠지만, 사회학자에게는 흥미와 우려의 대상이 아닐 수 없습니다.

하지만 문학은 견고하고 목숨줄이 질깁니다. 이따금 논문보다도 훨씬 더 강력하고도 섬세하게 현실을 확인시켜 주는 개념을 등장인물을 통해 보여 주는 소설이 출현하곤 합니다. 이를테면 미셸 우엘벡Michel Houellebecq의 디스토피아 소설 《어느 섬의 가능성 *The Possibility of an Island*》, 알베르 카뮈의 《페스트 *The Plague*》를 생각나게 하는 사라마고의 《눈 먼 자들의 도시 *Blindness*》, 그리고 어떤 끔찍한 명령이든 위에서 내려온 명령에 복종하는 무기력한 사람들을 그린 조나탕 리텔Jonathan Littel의 《친절한 사람들 *The Kindly Ones*》 같은 작품 말입니다. 최근에 이탈리아 작가 알베르토 갈리니Alberto Garlini의 소설 《증오의 법칙 *The Law of Hate*》[1]을 읽었습니다. 그것은 거의 리텔의 대하소설만큼이나 장편인데, 파시즘의 뿌리를 신화적으로 설명하려는 시도가 흥미로웠습니다.

갈리니에게 들은 바로는 그의 애초 계획은 브루스 채트원Bruce Chatwin과 노마디즘에 대한 그의 열정에 초점에 둔 책을 쓰는 것이었습니다. 하지만 어느 순간 채트원과 완전히 정반대 인물인 파시스트를 다루기로 마음을 바꾸었습니다. 그런데 아는 파시스트가 하나도 없는 데다 파시즘 운동에 대해서도 잘 몰랐기 때문에, 그는 문서·인터뷰·논픽션 등을 조사하고 검토하기 시작했습니다. 그런 열정적인 연구가 집약되어 탄생한 것이 《증오의 법칙》의 주인공 스테파노입니다.

스무 살인 스테파노는 찰스 라이트 밀스Charles Wright Mills가 말하는 일련의 개인적 문제로 인해 마음속이 분노와 약간의 죄의식으로 가득 차 있습니다(찰스 라이트 밀스에 따르면, 개인적 문제trouble는 "개인의 성격과 타인과의 직접적인 관계 내에서 발생하는"[2] 것으로 이런 문제를 이해하고 해결하려면 그 문제를 많은 사람들에게 공통적으로 존재하는 사회적 문제issue와 연결해야 합니다). 대부분의 보통사람들처럼 스테파노에게도 남들과의 관계를 방해하는 드러내기 힘든 개인적 문제가 있었습니다. 그것은 파산하는 바람에 모든 사람, 특히 친구인 척했던 사람들에게 모욕과 기만을 당하며 늘 술에 취해 있는 아버지와 가족을 부양하기 위해 가끔 몸을 팔 수밖에 없었던 착하고 부지런한 어머니였습니다. 어렸을 때 스테파노의 아버지는 스테파노를 데리고 낚시하러 가곤 했는데, 한번은 인사불성이 될 정도로 만취했습니다.

> 그는 벌레를 먹기 시작했다. 벌레를 한 움큼씩 집어 계속 목구멍으로 쑤셔 넣었다. 그 끈적끈적한 것을 먹는 모습을 보는 것은 끔찍한 일이었다.
>
> "난 네 엄마와 같아", 그는 벌레를 씹으며 스테파노에게 말했다. "단지 네 엄마는 남자의 자지에서 나오는 벌레를 먹을 뿐이지. 넌 그 벌레들 중 하나에서 태어났어. 더군다나 그것은 이탈리아 벌레도 아니었어. 그놈은 좋아라는 말을 입에 달고

다니며 프랭크 시나트라처럼 노래를 불렀지." 그는 마지막 한 줌의 벌레를 움켜쥐고 입속으로 쑤셔 넣으며 "개새끼!"라고 소리를 질렀다. 그런 다음 호수에 심장을 토해 냈다. 송어가 수면으로 올라와 물 위에 펼쳐져 있는 분홍색 곤죽을 낚아채 삼켜 버렸다.[3]

스테파노는 파시스트들 사이에서 자랍니다. 그의 아버지는 파시스트입니다. 진짜 아버지가 죽은 후 아버지를 대신하는 (그리고 가끔씩 어머니의 정부 역할을 하는) 인물인 로코도 파시스트입니다. 갈리니는 1968년부터 1971년 사이에 실제로 일어난 사건들에 판타지를 뒤섞습니다. 그리하여 그는 공공 기관 내의 일탈한 구성원들과 결탁한 고위급 파시스트들의 꼬임에 넘어가 자기 손으로 폭탄을 설치하게 되는 스테파노의 시점에서 피아자 폰타나 폭탄 테러(1969년 12월에 밀라노에서 일어난 사건으로 17명이 사망하고 88명이 부상당함)를 묘사합니다. 그는 폭탄이 폭발해도 행인들에게는 피해가 없을 것이라고 굳게 믿지만, 결국은 부모처럼 이용만 당하고 버림받게 됩니다. 스테파노는 폭력적인 인물에 살인자이지만, 작가는 독자들을 그의 편에 서게 할 만큼 그를 매우 인간적이고 어떤 면에서는 영웅적인 면모를 지닌 인물로 그립니다. 독자들은 그와 동일시하여 그를 바리케이드 너머에 있는 적이 아니라 강한 공감을 불러일으킬 수 있는 존재로 볼 수 있습니다. 이 소설에서는 스테파노가 율리우스 에볼라Julius Evola*를 직접 만나는 것으로 설정되어 있는데, 에볼라는 스테파노를 '푸른 늑대'라고 하면서 자기 집에서 내쫓습니다. 스테파노가 약혼녀인 안토넬라에게 푸른 늑대가 무슨 뜻이냐고 묻자, 그녀는 "인도-유럽 공동체에서는 추방된 사람들, 기본적으로 지배적인 에토스에 순응하지 않는 사람들"을 그렇게 부른다고 말해 줍니다. "푸른 늑대는 보통의 회색 늑대에 비해 희귀한 존재였어요. 무시무시하지만 동시에 매혹적인 존재였어요. 예를 들어 만화에 나오는 범죄자들을 생각해 봐요. 예를 들어 디아볼릭**을 생각해 봐요. 그는 도둑이자 살인자죠. 비열하고 야비하지만 카리스마가 넘치죠."[4]

사실 독자들은 스테파노를 둘러싸고서 총알받이로 생각하는 소년들을 조종하는 파시스트들보다는 스테파노라는 인물에 공감하기 쉽습니다. 스테파노는 순수하고 단순한 인물입니다. 그가 가진 욕구라고는 그저 가끔 자신이 살고 있는 쓰레기장의 공기보다 더 깨끗한 공기로 숨 쉬고 싶다는 돌발적

---

* 율리우스 에볼라 : 귀족주의·전통주의·반근대주의를 주장한 이탈리아의 극우 철학자. 파시즘 운동에 동참한 적도 있으나 파시즘의 한계를 느끼고 거리를 두었다.
** 디아볼릭 : 1962년에 안젤라와 루시아나 지우사니라는 두 명의 자매 여자 만화가가 그리기 시작한 범죄 만화 시리즈.

인(하지만 이해할 수 있는) 욕구 정도입니다. 하지만 그러한 욕구는 더 고결하고 질서 있는 세상, 벌레 같은 인간들에게는 시민권이 주어지지 않는 세상, 자신의 목숨이 위험에 처한 순간에도 가족의 수치심보다 자존심이 우선하는 세상이라는 신기루에 잡아먹히고 맙니다. 그가 우연히 마우로라는 청년을 죽이게 되면서, 그의 세상은 무너져 내립니다.

> 그는 자신이 살인을 할 수 있다고 생각했었다. 사실 그는 살인이 비교적 간단한 일, 즉 정치적 전사의 의무라고 여겼다. 그는 언제나 흥분 속에 살인을 원했다. 살인은 시간문제일 뿐, 곧 하게 되리라는 것을 알고 있었다. 하지만 그 일은 그가 예상했던 방식으로 일어나지 않았다. 전투는 없었다. 죽은 사람은 전사가 아니었다. 칼날이 마우로의 몸속으로 파고들었지만, 거기에는 아무 이유도, 동기도 없었다. 마우로는 성향상 전사가 아니라 희생자였다. 무고한 희생자의 죽음은 명예에 대한 모욕이다. 기사의 임무는 무고한 사람을 보호하는 것이지 죽이는 것이 아니다.[5]

불행히도 그에게 구원은 없습니다. 하지만 그는 본의 아니게 마우로를 죽인 것에 대해 불가능한 보상을 필사적으로 시도하다가 마우로의 쌍둥이 여동생과 사랑에 빠지게 됩니다. 또한 이 쌍둥이 여동생의 친구인 아르헨티나인 여성 시인의 시를 접하게 됩니다. 그는 이 시를 외우기도 하고 어떤 때는 이 시에서 힘과 위로를 받습니다. 하지만 그에게 가장 큰 영향을 미친 것은 채트윈과의 만남이었습니다. "유목민이라는 이유로 유대인을 싫어한 히틀러처럼 농부 카인"[6]에 관해 이야기하고, 인류학자들의 주장과 반대로 고대의 구멍 뚫린 두개골의 진짜 가해자가 인간이 아니라 선사 시대의 고양잇과 동물인 디노펠리스라고 이야기하는 채트윈의 말에 스테파노는 감동과 흥분을 느낍니다. 이런 만남 덕분에, 스테파노는 완전히 변화하게 됩니다. 그는 어머니를 용서하고 어머니의 동기를 이해하게 됩니다.

> 그녀는 불쌍한 여자였다. 그녀는 아들을 먹이고 교육시키기 위해 뼈 빠지게 일했고 어떤 위험도 마다하지 않았다. 그녀의 소박한 생각으로는 이 잘생기고 강한 아들이 행복해질 수 있을 것 같았지만 그와는 정반대되는 일이 벌어졌다. 그녀의 희생과 그 희생에 대한 죄책감은 스테파노를 분노와 폭력 쪽으로 몰고 갔고, 결국 스페타노에게는 다른 감정은 모두 사라지고 세상에 대한 증오만 남았다. 하지만 그녀가 어찌 그것을 알 수 있었겠는가? 그녀의 양과 같은 온순함이 아들이 주머니에 몰래 갖고 다니던 칼날이 될 줄 그녀가 어찌 상상이나 할 수 있었겠는가?[7]

그러나 주인공의 개인적 문제는 뒤늦은 깨달음만으로는 해결될 수 없습니다. 그의 사회적 문제가 여전히 존재하면서 그를 공격해 오기 때문입니다. 정치에 의존하고 다른 사람들과 함께 행동하지 않으면서 단지 혼자만의 노력으로 세상의 문제를 해결할 수는 없듯이, 스테파노도 자신에게 닥쳐오는 음모들과 자신을 처리하기 위해 치밀하게 계획된 무자비한 조작 공세를 이겨 내지 못합니다. 반란을 시도한 후, 그는 마지막 숨을 거둘 때까지 쫓기게 됩니다.

나는 트위터 문학의 시대가 와도 쉽게 소멸되지 않을 이 소설과 같은 작품이야말로 사회학자와 일반 대중 모두에게 사유의 자양분이라고 믿습니다.

리카르도 마체오에게

 파시스트 아버지가 파시스트 아들 앞에서 벌레를 먹는 것은 무엇을 보여 주기 위한 것일까요? 끈적끈적해서 불쾌감을 불러일으키는 역겹고 혐오스러운 생물을 가지고(동시에 이런 역겹고 혐오스러운 생물에게) 무엇을 해야 하고 무엇을 할 것인가를 보여 주기 위한 것이 분명합니다. 장 폴 사르트르 Jean-Paul Sartre는 잡으려 하면 빠져나가면서 동시에 달라붙는 인간 조건의 특징을 나타내기 위한 은유로 '끈적끈적한 것 le visqueux'이라는 표현을 선택했습니다. 이는 우리가 제어할 수 없는 아포리아적 조건입니다. 들러붙음도 떨어짐도 허용하지 않는 조건, 받아들이기를 거부하면서도 떨어져 나가는 것도 허용하지 않는 조건, 그렇기에 혐오스럽고 구역질나는 조건입니다. 아버지가 입속으로 벌레를 쑤셔 넣는 것은 먹어 소화시키기 위해서가 아니라 토해 내기 위해서입니다. 이것은 벌레는 삼킬 수 없고 입속으로 들어가는 순간 벌레의 종착지는 입 밖으로 게워지는 것임을 보여 줍니다.

클로드 레비스트로스Claude Lévi-Strauss는 《열대 3부작》 (1955)에서 문화가 '다르고' '낯선' '타자'를 다루는 방식에는 '식인적' 전략과 '토인적' 전략이 있다고 말했습니다. 식인적 전략은 차이들이나 차이들의 운반체를 '먹어 버리는 것'이고 그리하여 그 낯선 요소의 '비밀스러움'을 벗겨 내 없애 버림으로써 낯선 요소를 '동화'시키는 것입니다. 토인적 전략은 이질적인 낯선 요소를 '토해 내 버리는 것', 즉 추방하는 것, 제거하는 것, 파괴하는 것입니다. 갈리니의 소설에서 파시스트 아버지는 아들이 자신의 말을 확실히 믿도록 하기 위해 다른 인간들처럼 너도 끈적끈적한 정자에서 나왔다고 말합니다. 그를 수태하기 위해 토해진 정자는 심지어 이탈리아인의 정자도 아니었기에, 그것은 분명 두 배로 끈적거렸을 것입니다. 아마 이는 이탈리아에 수입된 나치 용어인 '혼혈인 Mischling'*, '인종 모독Rassenschande'** 같은 것을 염두에 둔

---

* 혼혈인 : 나치가 반유대 조치의 일환으로 만든 뉘른베르크 인종법에서 아리아인(독일인)과 비아리아인(주로 유대인) 간의 혼혈로 태어난 사람

것으로 보입니다. 다시 말해 민족과 인종의 정체성을 흐리다가 마침내 지워 버릴 위험이 있는 현상들, 결코 넘어서는 안 되는 확실한 경계선을 정할 필요가 있고 반드시 정해야 하는 공간에 이도저도 아닌 모호한 양가성의 영역을 만들어 낼 위험이 있는 현상들을 염두에 둔 것으로 보입니다. 이런 현상들은 낯설음과 위협적인 끈적거림을 한층 더 불길하고 두려운 것으로 만들 위험이 있습니다. 딱딱한 것을 끈적끈적한 것과 분리하고 그런 분리를 유지하는 것이 스테파노의 어깨 위에 놓인 과제·임무입니다. 스테파노의 삶은 그 임무를 완수하는 데 바쳐지게 될 것이고, 그것은 특히 고달프고 지루한 싸움이 될 것입니다.

조나탕 리텔의 작품 중에 《착한 사람들Les bienveillantes》이라는 소설이 있습니다. 영어로는 'Well-wishers'(남이 잘되기를 바라는 사람들 — 옮긴이)라고 옮기는 것이 더 적절할 듯한데, 실제로는 'The Kindly Ones'(친절한 사람들 — 옮긴이)라는 제목으로 번역되었습니다. 어쨌든 이 소설을 출간하고 2년 뒤에 리텔은 갈리마르 출판사에서 《마르고 습한Le sec et l'humide》이라는 연구서를 냈습니다. 이 책에서 조나탕 리텔

_____

을 지칭하는 용어.

** 인종 모독 : 뉘른베르크 인종법은 유대인과 비유대인(독일인) 간의 혼인이나 성관계를 금지했는데, 이를 어기는 것을 범죄로 규정하고 '인종 모독'이라 불렀다.

은 벨기에의 '왈롱 군단'의 지휘관으로 나치를 대표하는 전형적 인물 중의 하나인 레옹 드그렐Léon Degrelle의 세계관과 심리상태를 분석·설명하고자 했습니다. 리텔은 드그렐이 1949년에 낸 회고록 《러시아 원정대 *La campagne de Russie*》에서 사용한 어휘와 그 어휘를 통해 드러나는 개념적 틀을 중심으로 연구했습니다. 이 연구에서 리텔은 클라우스 테벨라이트Klaus Theweleit의 저작 《남자들의 환상 *Männerphantasien*》(1977)을 많이 참고합니다.[8] 테벨라이트처럼, 리텔도 성격역동의 재구성에 사용된 주요 범주로서의 외디푸스 콤플렉스와 이드-에고-슈퍼에고라는 프로이트의 성격 모델을 드그렐이라는 파시스트에게 적용할 수 있는지에 대해 의문을 제기하면서, 프로이트의 정신분석학보다는 멜라니 클라인 Melanie Klein과 마가렛 말러Margaret Mahler의 아동기 정신분석을 바탕으로 드그렐을 분석합니다.

리텔은 테벨라이트의 명제에 따라서 다음과 같이 말합니다. 드그렐은 "어머니로부터 분리를 결코 실현하지 못한 채" "영원히 아직 태어나지 않은 상태에 있다."[9] 드그렐은 사이코패스가 아닙니다. 그는 '종종 효과적으로' '대리 분리'에 성공합니다. "규율과 훈련과 운동에 힘입어 자신을 마치 거북이의 '등딱지' 같은 것으로 외면화"합니다. 그러나 등딱지는 외부의 영향을 결코 완전히 차단하지 못하는 데다 '등딱지 자아'는 약합니다. 그리하여 드그렐은 "개인적 경계가 해체"될 위협 아래 영원히 살아갑니다. 그는 살아남기 위해서 저 위험을 외부화해 죽임으로써 혼란과 분열의 내적 원천을 죽여야 합니다. 결코 완전히 제거되지 않은 여성적인 것('남성적인 것'의 반대)의 요소와 '액체적인' 것(안정적이고 '고체적인' 것의 반대)의 요소를 죽여야 합니다. 이러한 어머니로부터의 분리 시도는 우주를 장구한 일련의 대립으로 인해 분리된 두 마니교적 요소 간의 전쟁터로 보는 것이라 할 수 있습니다. 그 대립들은 모두 질서와 혼돈(또는 딱딱한 땅과 습지) — 책의 제목처럼 '마른'과 '습한' — 간의 메타 대립의 순열입니다. "파시스트는 자신을 구조화하기 위해 세계를 구조화해야 한다." 즉 세계를 자신의 은유에 맞게 깨끗이 분리된 것으로 만들어야 합니다. 그는 정형 대 무정형, 단단함 대 부드러움, 부동과 유동, 강함 대 연약함, 깨끗함 대 더러움, 면도함 대 덥수룩함, 밝음 대 흐림, 투명 대 불투명 등과 같은 대립의 도움을 통해 이러한 분리를 수행합니다.[10] 그 결과 자신의 집이라는 안전한 쉼터 안에 있는 사랑하는 것이나 친구·동지·동료를 혐오와 반감의 대상과 분리하게 됩니다. 이때 은유는 존 랭쇼 오스틴John Langshaw Austin의 효과 수반 발화 행위 perlocution나 로버트 머튼Robert Merton의 자기실현적 예언처럼 작용합니다. 즉 여기서 은유의 목적은 무작위 속에서 질서를, 안개 속에서 투명함을 불러내는 데 있습니다. 한마디로, 사물을 제자리에 놓는 데 있습니다. 갈리니의 소설에서 아버지는 아들에게 말합니다. 너의 어머니는 벌레를 먹고 나는 벌레를 토한다. 남성과 여성의 이러한 서로 다른 행동에서, 이렇듯 대립으로 가득한 우리의 세상에서 과연 무엇이 원인이고 무엇이 결과일까요?

파시스트의 복잡한 심리 메커니즘을 분석하는 것은 매혹적이지만 그만큼 성공하기 힘든 일입니다. 인간의 실존과 공존을 탐구하는 많은 분야에서 볼 수 있듯이, 사회과학과 문학도 이 일과 관련해 서로 성실히 협력함으로써 훌륭한 성과를 거두었습니다. 소설가인 리텔, 갈리니와 학자인 멜라니 클라인, 마가렛 말러, 클라우스 테벨라이트 같은 사람들은 모두 자신들이 각자 혹은 함께 벌인 전투에서 최고의 전우들이었습니다. 그러나 이보다 더 큰 전투에서도 저런 식의 협력이 효과적인지는 의문입니다. 악은 어디에서 오는가, 악과 어떻게 싸워야 하는가라는 물음에 대해 실질적인(즉 정책의 언어로 표현할 수 있는) 답을 찾는 전투에서도 저런 식의 협력이 효과적일까요? 당신도 아시다시피, 나는 회의적입니다. 악을 행하는 자들이 급증하는 현상의 사회적 원인보다 그들의 심리적 소인에 초점을 맞출 경우에는 저 전투를 효과적으로 수행하기보다 오히려 절망감에 사로잡힐 것 같습니다. 심

리적 소인에 초점을 맞추는 방식은 악을 행하는 자들을 돌연
변이로 규정하지만, 나머지 우리에게는 면죄부를 주어 우리
가 만드는 세상에 대해 뭔가를 하고 싶은 마음을 앗아가 버리
는 경향이 있습니다. 에볼라조차도 스테파노를 '푸른 늑대'로
분류합니다….

이런 세상에서 자아 — 그 행위와 악행에서 볼 수 있듯이,
형태가 없고 부드럽고 흐르고 연약하고 더러운 — 는 형태가
있고 단단하고 강하고 고체적이고 전문적인 기술로 만들어진
무기에게 자리를 내주기 위해, 그리고 도덕적 판단의 고통과
양심의 가책을 효과적으로 피하기 위해 '외주'됨으로써 테벨
라이트와 리텔이 말하는 '등딱지'가 됩니다. 내가 좋아하는
용어로 말하면, 이제 자아는 어떻게 그리고 어디로 가야 할
지에 대한 결정을 도덕적 문제로 재생하는 실험실이 아니라
리텔의 소설에 나오는 파시스트 남성들처럼 아디아포라화*
의 공장이 되고 있습니다. 유일한 뉴스는 뉴스 생산의 양과
범위가 증가한다는 것뿐입니다. 이데올로기와 지도자 원리**
의 시대에 가내공업 수준이던 뉴스는 시장 시대에 이르러 대
량 생산 산업 인프라의 위치로 올라섰습니다. 한때는 스스로

---

* 아디아포라화 : 불쾌감을 주는 잘못된 행동을 도덕적으로 중립적인 대상
  으로 만들어 윤리적 비난의 대상에서 벗어나게 하는 것.
** 지도자 원리 : 한 사람의 지도자가 자기 민족을 지도해야 하며 국민 대
  중은 이에 무조건적으로 복종해야 한다는 나치의 조직 원리.

선택하거나 특별한 임무를 위해 선발된 '군인 같은 남자들'이 일하던 아디아포라화 산업에서 이제 우리 모두는 피고용인이나 구직자가 됩니다. 두 시대의 관리자들과 그들의 철학과 행동 방식이 매우 다른 것은 사실이고, 이는 결코 사소한 문제가 아닙니다. 하지만 두 시대 모두에서 불확실성·불안정성·혼란·불운이라는 실존적 조건, 다시 말해 '아직 태어나지 않은 상태에 영원히 머물러 있음'이라는 실존적 조건이 저 관리 대상들을 가장 효과적으로 공급하는 원천이었고 지금도 그러하다는 것 또한 사실입니다.

11
'일체화' 안에서의 긴축

'우리는 하나'라는 이름 아래 이루어지는 긴축(즉 다른 모든 국가에 맞서 자신의 국가에 대한 방어를 강화하는 흐름)은, 이스라엘의 유대인들처럼 어제까지 박해의 희생자였던 민족에서도 볼 수 있다.

지그문트 바우만에게

우리는 흔히 무뢰한, 사디스트, 폭력적인 사이코패스 같은 사람들을 보면서 악이 어떤 것인지 상상할 수 있다고 생각하지만, 사실 악은 이보다 훨씬 더 널리 만연해 있고 전염성이 있다는 것을 보여 주기 위해, 당신은 〈악의 자연사〉(2012)라는 에세이에서 조나탕 리텔의 《친절한 사람들》에 대해 이야기한 적이 있습니다. 당신은 이미 초기 저작인 《근대성과 홀로코스트*Modernity and The Holocaust*》(1989)에서 이에 관해 다룬 적이 있지만, 〈악의 자연사〉에서는 당신의 지성의 메스가 한층 더 날카로워진 듯합니다. 이 에세이에서 당신은 원자폭탄을 만드는 데 들어간 돈 같은 경제적 요소를 히로시

마와 나가사키의 엄청난 인명 피해— 일본이 항복 직전에 있었다는 점을 생각할 때, 불필요했던 비극('그러나 우리는 2백만 달러나 되는 일을 놓칠 수는 없다…') — 보다 우선시하는 냉담함이 마치 산불처럼 번져나가고 있는 현상에 대해 말했습니다. 그러한 불감증은 미국(혹은 어떤 나라든)의 촌구석 출신의 착하고 친절하고 재능 있는 소년을 상황에 따라, 이를테면 앞뒤 사정이라든가 다른 사람들의 영향이나 적의 비인간적 행동 같은 것들이 있을 때마다 아부 그라이브 교도소*의 고문 기술자 같은 괴물로 만들어 버릴 수 있습니다.

나는 리텔의 《친절한 사람들》을 읽고 그 강력한 이야기에 깊은 감명을 받았습니다. 나는 최근에 이 소설을 다시 읽었는데, 그 이유는 이 소설이 주인공(리텔이 후에 발표한 에세이 《마르고 습한》에서 분석한 드그렐이라는 인물도 포함해서)의 심리 분석을 넘어 인문 과학이 관심을 가질 만한 더 일반적이고 중요한 측면을 제공한다고 보았기 때문입니다. 러시아에서 미국으로 이주한 유대인을 조부모로 둔 리텔은 뉴욕 태생이면서 프랑스 문학을 매우 사랑했습니다. 그는 전 세계에서 전쟁과 학살로 가장 황폐해진 지역들에서 10년 동안 보내고 나서 자신과 아내, 두 딸을 위해 프랑스 국적을 신청했습니다.

---

* 아부 그라이브 교도소 : 원래 이라크의 정치범 수용소였으나, 2003년에 미군이 이라크를 점령하면서 가혹한 인권 유린으로 악명을 떨쳤다.

처음에는 거절당했지만, 그의 책이 엄청난 성공을 거둔 후 당당히 프랑스 국적을 취득할 수 있었습니다. 그가 악이 가장 맹위를 떨치던 곳들을 직접 찾아가 살았던 것은 자신이 관심을 갖고 있는 주제를 온 몸과 마음으로 진정 이해하고 싶었기 때문입니다. 마침내 그는 자신이 아주 좋아하고 가장 자신 있는 언어로 1천 쪽이 넘는 소설을 썼고, 자신이 너무나 사랑한 나라에 살게 되었습니다. 그는 세상일을 그 속으로 직접 들어가 알아보고자 했습니다.《친절한 사람들》에는 그저 문학을 공부하고 피아니스트가 되고 싶은 낭만적인 인물이었으나 나치 장교가 되어 잔학 행위를 저지르게 되면서 의심과 후회와 심한 신체적 이상에 시달리게 되고, 그러면서도 여성과 아이를 포함해 무고한 사람들을 주저 없이 죽이고 심지어 멸종 계획까지 세우는 인물이 등장합니다. 리텔은 이렇듯 홀로코스트의 참사에 책임이 있는 SS 장교를 등장시켜 그의 목소리로 말하게 합니다.

이는 더 논의할 가치가 있는 문제라고 생각합니다. 우리가 다른 사람을 이해하는 데 문학이 얼마나 중요한지를 중심으로 대화를 나누고 있기 때문이기도 하지만, 리텔이 이 문제에 관한 당신의 생각을 받아들여 소설의 등장인물로 형상화한 것은 아닐까 할 정도로 이 소설과 당신의 생각 사이에 비슷한 점이 많기 때문입니다.

《친절한 사람들》의 처음 몇 페이지만 봐도, 당신이 15년 전에 했던 발언을 마치 표현만 바꾸어 말하는 듯한 문장들이 이어집니다. "물론 전쟁은 끝났지. 우리는 교훈을 얻었고. 그러니 그런 일은 다시는 일어나지 않겠지. 하지만 우리가 교훈을 얻었다고 정말로 확신해? 다시는 그런 일이 일어나지 않을 거라고 확신해? 전쟁이 끝났다고 정말로 확신하냐고?"[1] 이 대목을 읽으면서 어떻게 죽음의 공장(집단 학살)이 다시 열릴 수 있을 것이고 아마도 결코 닫힌 적이 없을 것이라는 당신의 말을 떠올리지 않을 수 있겠습니까.

7년 만에 이 소설을 다시 읽다가, 문학적으로도 훌륭하지만 사회학과도 관련이 있는 또 다른 작품을 발견했습니다. 그것은 로베르트 무질Robert Musil의 작품이었습니다. 이 작품을 읽다 보니, 《친절한 사람들》의 주인공인 막시밀리안 아우에의 쌍둥이 누이가 떠오르더군요. 이 소설에서 막스, 즉 막시밀리안 아우에는 동성애자입니다. 그는 어렸을 때 쌍둥이 누이와 얼마 동안 성관계를 가진 적이 있습니다. 부모가 이 사실을 알게 되면서, 막스는 기숙학교로 보내집니다. 막스는 자신의 성적 지향이 어디에서 비롯된 것인지에 대해 다음과 같이 말합니다.

나는 한 여자를 사랑했습니다. 오직 한 여자만 사랑했습니다. 세상 그 무엇보다도 사랑했습니다. 하지만 그녀는 내게 금지된 유일한 여자였습니다. 여자이기를 꿈꾸고 여자의 몸을 갖기를 꿈꾸면서 나는 계속 그녀를 찾았고 그녀 곁에 있고 싶었고 그녀처럼 되고 싶었고 그녀이기를 원했습니다.[2]

그림을 볼 때도 그에게는 오직 잃어버린 누이만 보일 뿐입니다.

풍성한 검은 머리카락을 가진 여인의 초상화 옆을 지나는 순간, 도끼를 내리찍듯 강렬한 상상이 나를 엄습했다. 르네상스 시대나 영국 황태자 조지의 섭정 시대의 보석들이 박힌 밝은 색깔의 호화스러운 드레스를 입고 화가의 번들거리는 유화 물감만큼이나 짙게 화장한 여인의 얼굴은 그녀의 얼굴과 닮은 데라곤 하나도 없었다. 그런데도 나는 그녀의 몸을 떠올렸다. 그녀의 가슴, 그녀의 배를 떠올렸고, 그녀의 뼈와 내가 동질감을 느낄 수 있는 유일한 생명의 원천을 감싸고 있는 봉긋하게 솟은 그녀의 아름다운 엉덩이를 떠올렸다.[3]

무질의 위대한 미완성 소설에서는 사랑하는 사람과의 동일시가 달리 표현됩니다. 《친절한 사람들》에 비해, 모든 것이 더 분석적이고 더 정제되어 있는 편이라서 성적 동일시나

육체관계에 대한 언급이 전혀 없습니다. 막스와 우나와 마찬가지로 어린 시절에 헤어져 오랜 세월 동안 서로 멀리 떨어져 있던 쌍둥이 울리히와 아가테의 닮은 점에 관해 이야기하는 대목도 기본적으로 다릅니다. "울리히는 아가테의 얼굴을 다시 살펴보았다. 자신의 얼굴과 그리 닮지 않은 것 같았다. 하지만 착각이었을 수도 있다. 같은 것을 파스텔화와 목판화로 표현했을 때처럼, 재료가 달라서 이목구비와 피부가 닮은 점을 못 알아보는 것일 수도 있었기 때문이다."[4]

하지만 무질의 작품에도 완전한 동일시의 환영이 등장합니다. 예를 들어, 무질은 울리히와 아가테가 둘 다 아이였을 때 아가테가 무도회를 위해 옷을 차려입었을 때를 회상 형식으로 묘사합니다. "그녀는 벨벳 드레스를 입었고 그 위로 그녀의 밝은 벨벳 물결 같은 머리카락이 드리워져 있었다. 그녀를 보자 그는 당당한 기사 복장을 하고 있었으면서도 갑자기 자신이 소녀면 좋겠다는 생각이 들었다."[5] 그러나 아버지가 죽고 그들이 성인이 되어 다시 만났을 때 이 동일시는 마치 섬광처럼 돌아옵니다. "마치 그 자신이 문을 열고 스스로에게 다가오고 있는 모습을 보는 듯했다. 다만 아가테는 더 아름다웠고 자신에게서는 본 적 없는 광채에 감싸여 있었다. 처음으로 여동생이 자신이 마음속으로 그리던 자신의 반복이자 변환이라는 생각이 그를 강타했다."[6]

《진자의 귀환*El retorno del péndulo*》[7]에서 당신과 구스타보 데살Gustavo Dessal이 나눈 대화 속에 이성애자가 되기 위해서는 언어 질서에 의한 상징적 거세가 필요하다는 내용이 나옵니다. 앞서 내가 소개한 두 사례는 그(녀)가 우리와 다르다는 점에서 상징적 거세의 실패를 보여 줍니다. 바꿔 말해 완전한 동일성에 대한 추구를 보여 줍니다. 이렇듯 경직된 동일성이라는 이상적 모델에 멈춰 있는 것은 외부의 모든 것을 부정하면서 자신만을 자율적 존재로 생각하는 독특한 거식증 환자를 가리키는 것일 수도 있지만, 또한 함께 모여 단일한 실체(나치에서 인종, 러시아 공산주의에서 계급)를 이루고는 그것을 완성하는 데만 사로잡힌 인간 집단을 가리킬 수도 있습니다. 리텔은 막시밀리안 아우에와 그만큼이나 똑똑하고 의식 있는 러시아 죄수가 이 주제에 관해 나누는 대화를 통해 두 체제 간의 유사성을 강조합니다. 죄수가 말합니다.

> 당신이 말하는 민족 공동체란 공산주의가 목표로 하는 계급 없는 사회를 흉내 낸 거요. 똑같은 게 당신들 나라에서 이름만 다르게 바뀐 것이지. 마르크스가 프롤레타리아를 진리의 담지자로 보았던 것을 본떠, 당신들은 독일 민족을 마르크스가 말하는 프롤레타리아처럼 선과 도덕의 화신으로 규정했던 거요. 따라서 당신들은 자본주의 국가에 맞서 싸우는 독일 프롤레타리아의 전쟁을 대신 수행한 셈이오.[8]

두 체제 모두 극히 결정론적인 것으로 밝혀집니다. 인간은 대체로 외적 상황이나 기준의 영향을 받기 때문에, '객관적 적'(행동이나 신념 때문이 아니라 존재한다는 사실 자체 때문에 박멸되어야 하는 부류의 사람들)은 제거되어야 합니다.

> 우리는 그 범주를 규정하는 데서만 다를 뿐이오. 당신들은 그 범주를 유대인·집시·폴란드인으로 규정했소. 내가 알기로는 정신질환자도 그 범주에 들어갑니다. 반면에 우리는 부농과 부르주아 그리고 당의 이념을 훼손하는 분파주의자를 제거해야 할 범주로 생각하지요. 근본적으로는 똑같소. 당신들이나 우리나 자유라는 환상에 빠진 이기적이고 개인주의적인 인간, 즉 자유라는 환상의 희생자인 자본주의적인 호모 에코노미쿠스를 거부하고 호모 파베르를 중시합니다.[9]

이러한 극단적인 접근법은 고통과 분노에서 비롯된 것입니다. 오늘날 물질적·도덕적 조건이 무너지면서 그리스에서도 파시즘이 부활하고 있는 상황은 그러한 극단적 접근법이 득세하고 있다는 것을 보여 줍니다. 그리스에서는 알렉시스 치프라스Alexis Tsipras가 정치적 성공을 거두면서 극우파 운동이 여론의 지지를 등에 업고 힘을 과시하고 있으니까 말입니다. 이렇듯 '우리는 하나'라는 이름 아래 이루어지는 긴축, 즉 다른 모든 국가에 맞서 자신의 국가에 대한 방어를 강화

하는 흐름은 이스라엘의 유대인들처럼 어제까지 박해의 희
생자였던 민족에서도 볼 수 있습니다. 《친절한 사람들》에서
막시밀리안의 아버지의 친구이자 유력 인사인 만델브로트는
말합니다.

> 시오니즘보다 민족적인 것이 뭐가 있겠는가? 우리처럼 유대
> 인도 땅 없이는 민족과 혈통도 있을 수 없네. 그래서 다른 종
> 족이 없이 원래 이스라엘인만 살던 땅을 되찾아야 한다고 생
> 각했네. (…) 유대인은 최초의 진정한 국가사회주의자라고 할
> 수 있지. 거의 3천 5백 년 전부터 모세가 유대 민족을 다른 민
> 족과 영원히 구분시키려고 율법을 전해 주었으니까. 따라서
> 약속의 땅, 완성의 땅, 선택받은 민족, 순수한 혈통 같은 우리
> 의 모든 기본 사상은 결국은 유대인에게서 시작된 셈이니, 우
> 리는 그걸 깨끗이 인정해야 할 거네. (…) 이런 이유로 유대인
> 은 우리의 모든 적 중에서 가장 위험하고 악질적인 적이고 진
> 정으로 증오할 만한 유일한 적이네. 우리에게 맞설 수 있는
> 유일한 경쟁자이기도 하다네. 결코 가볍게 볼 수 없는 유일한
> 적수인 셈이지.[10]

알베르토 갈리니Alberto Garlini는 이스라엘 사람을 보면
이탈리아인이 생각난다고 내게 말한 적이 있습니다. 두 민족
모두 똑똑하고 창조적이지만 서로 끊임없는 갈등 속에 있는

바람에 국민의 진정한 대표라고 보기 힘든 정치인들에게 지배당하는 매우 상이한 사람들의 집합체라고 말이죠. 영광스럽게도 당신과 함께 만난 적이 있는 두 명의 이스라엘 시민인 데이비드 그로스먼David Grossman과 아브라함 여호수아 Abraham Yehoshua를 생각하면, 갈리니가 행한 비교가 그저 기쁠 뿐입니다. 두 분 모두 시적이며 인간적인 면모를 보여 주는 작품을 많이 썼지요. 하지만 '우리는 하나'라는 입장은 나머지 세계와의 대립을 가져올 위험이 있을 뿐만 아니라 팔레스타인 사람들의 게토화라는 독이 든 열매를 맺었고 지금도 여전히 독이 든 열매를 맺고 있습니다.

'우리는 하나'라는 일체화의 흐름을 생각하다 보니, 당신이 구스타보 데살과 함께 쓴 책의 한 대목이 떠오르더군요. "사르트르가 틀렸고, 프로이트가 옳았다. 타인은 지옥이 아니다. 하지만 지옥의 고통을 아주 효과적으로 만들어 낼 수 있는 특정한 '타인'이 있다. 이런 지옥이 우리 자신 안에 있는 한에서만, 지옥은 우리 바깥에 있다고 확신할 수 있게 해 주는 희망에 찬 정신 상태가 가능하다."[11] 타인에게 마음을 열고 그들의 다양성을 우리의 공통된 인간성의 성과로 인정하고 수용함으로써만, 우리 자신의 지옥으로부터 우리 자신을 구원할 수 있습니다. 나는 리텔이《친절한 사람들》의 주인공의 말을 빌려서 이러한 생각을 아주 잘 표현하고 있다고 생각합니다.

동유럽의 참혹한 대학살에서 증명된 것이 하나 있다면, 역설적이게도 놀랄 만큼 변함없는 인간의 연대감이다. 잔혹한 전쟁을 치르면서 사람을 죽이는 일에 익숙해진 우리 병사들도 유대인 여자를 죽일 때는 그들의 아내와 누이와 어머니를 생각했고, 유대인 아이를 죽일 때는 구덩이에 떨어진 그 모습에서 그들의 자식을 떠올렸다. 그들의 반응과 폭력성·우울증·자살 그리고 내 가슴을 쥐어뜯는 슬픔…, 이 모든 것은 타자가 존재한다는 증거였다. 그(녀)가 다른 사람으로, 인간으로 존재한다는 것을 그리고 어떤 의지, 어떤 이데올로기, 어떤 우둔함이나 폭음으로도 그 끈을 끊을 수 없다는 증거였다. 아주 가느다랗지만 결코 끊어지지 않는 끈, 그 끈의 존재는 관념이 아니라 사실이다.[12]

리카르도 마체오에게

막스와 우나, 울리히와 아가테…, 이 두 쌍은 레비스트로스의 《부모의 구조Les structures élémentaires de la parenté》(1949)라는 더 넓은 배경에서 고찰할 필요가 있습니다. 클로드 레비스트로스는 모든 문화의 기원을 근친상간 금지에서 찾습니다. 근친상간 금지에서 자연과 문화가 만났고, 둘을 연결하는 끈이 만들어졌고, 자연적 특징들을 문화적 구분과 문화에 의해 매개된 사회적 구분으로 재구성하는 오랜—사실상 영구적인—문화적 루틴이 시작되었습니다. "그(녀)는 내게 금지된 유일한 여자였다." 막스 아우에는 여동생 우나에 대한 자신의 감정을 고백하면서 이렇게 탄식합니다. 문화는 무차별적인 자연에 차이를 강요합니다. 자연적인 측면에서 볼 때, 모든 여성은 성관계의 상대가 될 수 있습니다. 그 보편적 규칙에서 자매를 제외한다는 생각은 부모가 같다는 자연적 사실에서 만들어진 문화적 인공물입니다. 레비스트로스는 근친상간 금지 이후로 문화에서 비슷한 전략이 반복적으로 사용되었다고 말합니다. 예를 들어, 생존에 가치 있는 삶에서 그렇지 못한 삶을, 계급 사회에서 밑바닥 계급을, 인종들의 세계에서 비非인종을 구별해 내는 전략 말입니다. 그저 그런 특징들의 세계에서 중요한 특징들을 골라내는 것, 사람들을 분류하고 범주화하고 갈라놓는 것, 사람들의 공적과 권리들을 식별하는 것은 문화의 최우선 과제이자 성과입니다. 문화는 이렇듯 가능하게 하고 제약하며 실격시킵니다. 리텔과 무질이 이러한 문화의 신화적 뿌리로 되돌아간다면, 리처드 세넷Richard Sennet은 아마르티아 센Amartya Sen과 마사 누스바움Martha Nussbaum과 마찬가지로 저 신화적 뿌리에서 생겨난 성숙한 문화적 생산물 중 몇 가지를 짚으면서 다음과 같이 말합니다. "인간들은 학교·직장·시민단체·정치체제가 허용하는 것보다 더 많은 것을 할 수 있다. (…) 인간들의 협동 능력은 제도들이 허용하는 것보다 훨씬 더 크고 훨씬 더 복잡하다."[13] (…) 그렇다 해도 제도라는 문화의 산물은 언제나 허용과 불허의 권리를 갖고 있습니다.

조크 브로워Joke Brouwer와 반 투이넨Sjoerd van Tuinen은 공동 편집한 책의 서문에서 "소비자주의의 얇은 층 아래에는 아낌없음의 바다가 있다"[14]고 다소 과하게 낙관적인 단언을 합니다(그런데 이러한 시각은 빅터 터너Victor Turner가 1969년에 출간한 연구서 《통과의례*Ritual Passage*》에서 소개한 개념 쌍, 즉 영속적으로 공존하면서 서로 얽히고 삼투하는 실존 양식인 소시에타스societas와 코뮤니타스communitas 혹은 구조와 반反구조라는 개념 쌍을 생각나게 합니다). 브로워와 반 투이넨의 책에 수록된 인터뷰 중 하나에서[15] 페터 슬로터다이크Peter Sloterdijk는 선물에 대한 마르셀 모스Marcel Mauss의 고전적 연구를 언급하면서 선물을 주는 행위는 단순히 자발적인 선심의 표출일 뿐만 아니라 주는 사람이 의무로서 경험하는 것이라고 주장합니다. 다만 이때 말하는 의무는 주기 싫어 화가 나지만 어쩔 수 없이 해야만 하는 것이 아니라 그런 것으로부터 자유로운 것입니다. 그 실행이 자기 박탈이나 자기희생으로 경험되거나 생각되지 않는 그런 의무입니다. 본질에 충실한 선물에서는 흔히 이기주의와 이타주의 사이에 존재하는 대립이 소멸됩니다. 즉 친교와 연대의 상태·조건·정신·분위기에서는 그러한 대립이 소멸한다고 말할 수 있습니다. 선물을 준다는 것은 좋은 행위를 한다는 것만이 아니라 좋은 기분을 느낀다는 것도 의미합니다. 선행을 하고자 하는 충동의 외향적 및 내향적 측면, 이타적 및 이기적 측면은 한데 합쳐져 서로 갈등하기는커녕 구별할 수조차 없게 됩니다.

슬로터다이크는 에로틱erotic 경제와 티모틱thymotic 경제의 공존을 제안합니다. 티모틱 경제의 개념은 플라톤이 말한 '티모스thymos'에서 나온 것입니다. 이성인 로고스와 신체적 욕망인 파토스와 함께 영혼의 3요소 중 하나인 티모스는 자존감과 인정에 대한 갈망을 나타냅니다. 인간의 영혼에서 티모스는 본질적으로 '사회화하는' 요소입니다. 즉 일─과 다多, 나와 너 또는 그것, 존재의 안과 밖을 연결하는 데 적극적인 역할을 하는 요소입니다. 플라톤 해석가들은 인간이 생존이나 물질만을 추구하는 성향을 뛰어넘어 티모스적 측면을 발휘할 때 인간성이 최고로 꽃피울 수 있으며 "티모스는 인간이 하는 최선의 행위와 최악의 행위에 동기를 부여하는 것이다"[16]고 주장해 왔습니다. 슬로터다이크는 말합니다.

> 에로틱 경제는 돈이 아니라 결핍에 의해 작동한다. 그것은 실제적인 결핍과 허구적인 결핍을 통해 작동한다. 에로틱 경제는 계속 나아가기 위해 결핍이 없으면 결핍을 만들어 낸다. 이와 달리 티모틱 경제는 인간을 받기보다는 주고 싶어 하는 존재로 본다. 티모틱 경제는 인간을 기본적으로 주고자 하는 성향을 가진 존재로 본다. 어린아이를 보면, 이를 알 수 있다.

어린아이는 선물을 받는 것도 좋아하지만 그만큼이나 선물을 주면서 행복해한다.[17]

그러나 슬로터다이크의 우울한 말처럼, 오늘날 대중문화는 "날마다 저속화와 이기주의 홍보를 통해" 공동체 의식을 파괴하고 있습니다. "이를 피할 방법은 소비자 사회에서는 없을 것이다. 오늘날 개인은 무엇보다도 먼저 소비자이지 시민이 아닙니다." 여기에 소비자는 '공유지'로부터 무언가를 파내고 뽑아내는 반면에 생산자는 공유지에 무언가를 더하고 기여한다는 말을 덧붙이고 싶습니다. 이상적인 시민은 받는 것과 주는 것을 조절해 둘의 균형을 유지하고 '공유지'가 둘 모두를 확보할 수 있도록 하려는 사회의 노력에 참여합니다. 이상적인 시민은 '에로틱한 것'이 '티모틱한 것'보다 우위에 서고 그에 따라 인간이 '성애적 동물zoon eroticon'[18]로 변형되면서 무너지고 있는 양자의 협력을 복원하려는 사회의 노력에 참여합니다. 슬로터다이크는 사이먼 샤마Simon Schama가 《부의 낭패The Embarrassment of Riches》에서 한 말을 인용합니다. 네덜란드는 그 황금기인 17세기에 "국민 중에 가난한 사람이 없는 세계 최초의 국가였다. 그런데 설교자들은 무엇을 했는가? 그들은 연단에 올라 부유한 삶은 멸망에 이르는 길이라며 부자들을 겁주었다."[19]

12
교육 · 문학 · 사회학

근본적인 실존적 문제를 공적 의제로 만드는 것이 문학과 사회학의 공동 소명이다. 그 둘은 끊임없이 서로 보완하고 자극할 수밖에 없는 운명이다.

지그문트 바우만에게

이것이 마지막 대화라는 생각이 들자, 뭔가 더 의미 있는 내용을 쓰고 싶었습니다. 이리저리 생각을 짜냈지만 마지막이란 압박 때문인지 모두 뿔뿔이 흩어져 사라지고 말더군요. 그렇다고 자신의 생각을 글로 옮기려고 자리에 앉은 사람을 마비시키고 종종 혼란 속으로 몰아넣는 '빈 페이지 증후군'을 겪은 것은 아닙니다. 어찌 됐건 나는 아주 좋아하는 친구요 학자요 지식인인 당신과의 두 번째 작업*을 마무리 짓지 못하고 있었습니다. "한 번은 없었던 것이나 다름없다"는 독일

* 두 번째 작업 : 둘은 《*On Education*》이란 책을 공동 작업했다. 이 책은 《소비사회와 교육을 말하다》로 번역되었다(244쪽 사진 참고).

속담처럼, 당신과의 첫 번째 작업을 잘 마무리했어도 한 번에 그친다면 충분하지 않습니다.

《지금, 여기*Here and Now*》에 실린 폴 오스터Paul Auster와 J. M. 쿳시J. M. Coetzee의 서신에 이런 내용이 나옵니다. 프랑스 곡예사 필리프 프티Philippe Petit가 만든 작품 중에 자기 친구가 영상으로 어떤 줄타기 곡예사와 가진 인터뷰를 보여 주는 것이 있었는데, 쿳시는 이 DVD를 보고 나서 그 영상과 영상에 나온 줄타기 곡예사에 대한 평가를 유보하고는 문득 프티가 한 이야기보다 더 나은 이야기를 떠올렸다고 합니다. "카프카라면 머릿속으로 떠올렸다가 치워 버렸을 이야기"[1]를 말입니다. 그런데 그 이야기에서 줄타기 곡예사는 죽을 각오를 하고 공중에 매달린 줄에 올라탑니다. 살아남은 그는 다시 도전하기를 거부합니다. 아마 그는 결혼을 하고 아이를 갖게 되겠지만 전과 같을 수는 없을 것입니다. 한 번의 도전으로는 충분하지 않으니까요.

한 글자도 쓰지 못하고 컴퓨터만 켰다 끄기를 반복하다 보니 미칠 것 같았습니다. 그러다 문득 깨닫게 되었습니다. 내가 주변의 모든 친구들에게 읽어 보라고 권했을 정도로 잘

아는 작품인 우엘베크Houellebecq의 《어느 섬의 가능성》에
서부터 리즈에서 마지막으로 만났을 때 당신이 준 보르헤스
Borges의 《미궁들》이라는 책에 들어 있는 〈피에르 메나르,
돈키호테의 저자〉— 피상적인 수준은 넘어섰다고 생각하는
나의 이해력으로도 감당하기 힘들어 지금으로서는 깊이 있
는 검토가 불가능하다는 생각이 드는 작품 — 에 이르기까지
온갖 책을 읽으면서 내가 생각했던 가설들을 모두 버리고 마
음을 비워야 한다는 것을 말입니다.

그러다가 내 친구 마시모 레칼카티Massimo Recalcati를 만
나러 포르데노네로 가는 길에 기차에서 그의 최신작 《수업
시간L'ora di lezione》[2]을 읽다가 내 생각이 왜 막혔는지를 알
게 되었고 거기서 벗어날 수 있는 길을 발견했습니다.

> 융이 말했듯이, 모든 빈 페이지에는 '어제의 무게'가 자리하
> 고 있다. 즉 우리를 구속하고 예속시키며 마비시킬 수 있는
> 과거의 기억들이 보이지 않게 층층이 쌓여 있다. (…) 텅 빈
> 백지에는 눈에 보이지는 않지만 빽빽하게 축적된 지식이 두
> 꺼운 거미줄로 덮여 있다. (…) 빈 페이지는 항상 죽은 사물,
> 불활성 요소, 기념비적 이상, 완성할 수 없는 작품으로 가득
> 차 있다. 왜냐하면 모든 창작 과정은 과거에 일어난 일에 대
> 한 모든 기억을 물려받기 때문이다. 그런데 이러한 상속의 운
> 명은 둘 중 하나이다. 학교에서 볼 수 있듯이 암기의 형태가

되거나, 아니면 진정으로 창조적인 행위를 낳거나.[3]

　레칼카티의 《수업 시간》은 지에 대한 사랑을 전달함으로써만 구현될 수 있는 어려운 지식 전달 기술에 대해 이야기합니다. 나는 학교가 지에 대한 사랑을 전달할 수 있기 위해서는 비옥한 터전이 있어야 한다고 생각합니다. 책이 많아야하고, 형식적인 세부 규칙에서 자유로워야 하고, 누구나 지위나 거리에 상관없이 들어갈 수 있어야 하고, 최고의 일류학교에서 출현하는 특권 집단에 맞서 싸울 수 있어야 합니다. 최상위 학교의 주목적은 지식을 넓히고 모든 학생을 더행복하게 만드는 것이 아니라 언젠가는 힘 있는 부모들의 지위를 물려받게 될 그 자녀들과 협력 관계를 맺는 것입니다. 이것이 특권적인 사회계급이 영구적으로 그 지위를 이어 나가는 방법입니다. 이런 방법으로 가진 자들은 파트너들과 함께 돈이 돈을 벌고 그다지 운이 좋지 않은 사람들을 모조리돈에 팔려 나갈 수밖에 없게 만드는 네트워크를 통제할 권리를 갖게 됩니다.

　최근에 영국의 극작가 앨런 베넷Alan Bennett이 캠브리지대학에서 연설을 했습니다. 이 연설에서 그는 리즈의 대극장에서 낮에 펼쳐졌던 연극과 음악회들, 1951년에 캠브리지를방문했을 때의 경험("나는 그토록 아름다움이 끊임없이 넘치는 곳에 있어 본 적이 처음이었습니다"), 사회의 사다리에서 너무 낮은 위치에 있어 당시에 캠브리지 대학에 입학하지 못했던 일, 그리고 당신이 나와 함께 작업한 《교육에 관하여 *On Education*》 (2012)에서 썼듯이, 너무나 많은 '다이아몬드 원석들'을 방치하는 사립학교 교육의 문제점 등에 관해 이야기했습니다. 그러면서 그는 다음과 같이 역설했습니다.

> 불공평한 것은 기독교적인 것조차도 될 수 없습니다. 정의에 대한 우리의 생각들에 기독교가 미친 영향이 얼마나 되는지는 모르겠습니다. 그러나 얼마가 됐든, 주님이 보시기에 영혼은 모두 같고 그렇기에 영혼은 요즘식으로 말하면 모두 동등한 기회를 가질 수 있어야 합니다. 하지만 오늘날 교육 분야는 분명 그렇지 않습니다. 사실 전에도 그랬던 적은 전혀 없었습니다. 그렇다고 해서 그런 시도를 포기해야 하는 것은 아닙니다. 오히려 진지하게 시도를 해야 할 때가 아닐까요?[4]

나는 당신이 두 번째 편지에서 했던 말을 곰곰이 생각해 봤습니다. 당신은 '길을 잃은' 것처럼 보이는 학생들을 위해 자신의 삶을 바치는 에랄도 아피나티처럼 훌륭한 선생님들에게 도움을 받을 수 있는 '로렌치노 같은 학생들'이 별로 없다고 말씀하셨죠. 정치를 보면, 이와 관련해 희망적인 징후가 전혀 보이지 않는 것이 사실입니다. 보르헤스가 제시한 백과 사전의 가설에 대한 쿳시의 이야기를 들어보겠습니다.

> 백과사전은 완성이 되기만 하면 낡은 과거를 새로운 과거로,
> 따라서 새로운 현재로 대체할 잠재력을 갖게 될 것이다. (…)
> 보르헤스의 제안은 금융 위기에 적용할 경우에는 실현 가능
> 해 보인다. 최소한 이론적으로는 말이다. 하지만 인류 역사와
> 비교하면, 컴퓨터 화면의 숫자는 별 힘이 없다. 그것은 우리가
> 원한다 해도 숫자 없이는 합의에 이를 수도 살아갈 수도 없어
> 서 새로운 숫자를 가지고 다시 시작하지 않으면 안 될 정도의
> 힘을 가지고 있지는 않다.[5]

맞습니다. 모든 것은 우리에게 달려 있고 합의에 도달할
수 있는 우리의 능력에 달려 있습니다. 그렇다 해도 당신이
구스타보 데살과의 대화에서 말했듯이, 우리는 '진자의 귀환'
을 기다려야 할 것입니다.

사회학과 문학 사이의 밀접한 연관에 대한 이야기로 돌아
가 보도록 하겠습니다. 남은 문제는 우리 같은 사람들끼리만
이 아니라 더 많은 사람들에게 어떻게 다가가느냐 하는 문제
입니다. 사회학과 문학 모두 안고 있는 문제이죠. 오스터는
쿳시에게 쓴 편지에서 이렇게 말합니다. "시나 예술이 세상
을 바꿀 수 있다고 믿는 사람은 아무도 없습니다. 그 누구도
신성한 사명에 헌신하지 않습니다. 오늘날 시인은 어디에나

있지만 그저 자기들끼리만 이야기할 뿐입니다."⁶

당신이 존경하는 찰스 라이트 밀스는 사회학이 이러한 폐쇄성을 갖게 되리라 예견했습니다. 당신과 마찬가지로 밀스도 마시모 레칼카티가 말한 '거장'에 해당합니다. 즉 열정을 불러일으키고 상상의 문을 활짝 열어 줄 수 있는 인물입니다. 밀스는 《사회학적 상상력》에서 당대를 지배하던 두 개의 사회학 이론인 탤컷 파슨스Talcott Parsons의 '거대 이론'과 폴 라자스펠드Paul Lazarsfeld의 '추상화된 경험주의'에 대해 독창적으로 설명하는 동시에 비판합니다. 먼저 탤컷 파슨스에 대해서는 그가 쓴 책에서 난해하고 복잡한 대목들을 인용한 다음 몇 줄로 요약하는 식으로 설명과 비판을 합니다. 그리고 폴 라자스펠드를 비판하는 과정에서는 정말로 필요한 정보가 하나도 없이 하나의 소도시에 관한 통계 자료만 가지고 모든 사회적 맥락 전체를 설명할 수는 없다고 말합니다. 밀스의 말은 베네데토 베키Benedetto Vecchi가 언급했던 "역사, 사회적·인종적 계층, 인구 이동, 종교의 역할, 정치적·연방적 행정"⁷ 등을 잊어서는 안 된다는 것입니다.

라이트 밀스는 사람이 컴퓨터가 아니라는 것을 알고 있기에 독자의 뇌를 정보로 채우지 않습니다. 그는 정보를 채우는 식으로 독자들에게 가르침을 전하고 싶어 하지 않습니다. 그는 새로 탐구할 세계를 개척하고 싶어 하고, 그러기 위해서는 불을 붙이지 않으면 안 됩니다. 라이트 밀스의《사회학적 상상력》에 실려 있는 부록 〈지적 장인 정신On Intellectual Craftsmanship〉은 감동을 주는 매우 훌륭한 글입니다. 거기에서 그는 개인적인 경험이 "독창적인 지적 작업의 매우 중요한 원천"이라고 하면서 가상의 학생에게 말합니다. "적절한 자료철을 보존하고 자신을 성찰하는 습관을 기르다 보면, 어떻게 해야 자신의 내면세계를 항상 깨어 있도록 할 수 있는지를 알게 된다."[8] 사회학자들은 학생들이 어떤 것을 그저 수동적으로 받아들이기만 하는 것을 원치 않습니다. 그것이 슘페터나 마르크스 혹은 베버의 이론이라고 해도 말이죠. 그들은 항상 학생들이 재가공하고 재창조해서 세 가지 유형의 진술을 만들어 낼 수 있도록 자극하고 격려합니다.

세 가지 유형의 진술이 있다. (a) 어떤 학자가 주어진 논점에 관해 서술한 것 모두를 체계적으로 재진술함으로써 그 논점을 직접 알게 해 주는 진술. (b) 어떤 학자의 진술을 받아들이거나 반박하는 이유와 논증을 제시하는 진술. (c) 어떤 학자의 진술을 자신의 생각을 다듬고 연구 계획을 세우기 위한 원천으로 삼는 진술.[9]

학생들은 인터넷에서 '모든 답'을 찾을 수 있다고 생각하지만, 그런 시도는 쓸모가 없습니다. "도서관에서 답을 찾을 수 있는데 현장 연구를 설계하는 것이 어리석은 짓이듯이, 적절한 경험적 연구로, 즉 사실에 관한 질문으로 번역하기도 전에 어떤 책을 다 검토했다고 생각하는 것 또한 어리석은 짓이다."[10] 그러면서 라이트 밀스는 단지 정해진 절차를 따르도록 훈련받은 기술자가 아니라 사회과학을 연구하는 학자가 되려면 관점을 이동시키는 것이 중요하다고 말합니다. 이전 해석의 장막을 걷어 내고 독창적인 개념을 제시할 수 있으려면, "처음에는 느슨하고 심지어 엉성할 수밖에 없는 것에" 주의를 기울일 수 있어야 합니다. "자신이 가진 모호한 이미지와 개념을 고수해야 하고 구체화해야 한다. 독창적인 생각이란 처음에는 거의 언제나 그런 식으로 출현하기 때문이다."[11]

이것은 라이트 밀스가 죽기 직전에 한 말이지만 오늘날에도 여전히 타당합니다. 이와 비슷하게 중요한 것이 문학에서는 상상력입니다. 이는 이스라엘 작가 데이비드 그로스먼의 최근 소설 두 편만 봐도 알 수 있습니다. 두 작품의 바탕이 된 것은 이스라엘과 팔레스타인 간의 분쟁 종식의 어려움과 2006년에 레바논에서 사망한 그로스만의 아들 우리Uri의 죽음입니다. 먼저《땅의 끝까지 *To the End of the Land*》(2003)

에서 어머니는 아들이 전투 중에 사망했다는 소식이 올 수 있다는 것을 예감합니다. 그녀는 이 끔찍한 소식을 피할 결심을 하고는 소중한 사람 둘과 함께 연락이 닿지 않는 곳으로 하이킹을 떠납니다.

두 번째 작품 《시간 밖으로*Falling Out of Time*》(2014)에서는 전쟁으로 아들을 잃은 남자가 갑자기 집을 떠나 삶과 죽음이 교차하는 '그곳'을 찾아갑니다. 그는 자신이 살고 있는 마을 주위를 빙빙 돌기 시작하고 시간이 가면서 자식을 잃은 다른 사람들을 만나게 됩니다. 작가는 자신이 쓰고 있는 글을 통해 죽음에 다가가 보고자 합니다.

최근에 그로스먼은 다음과 같이 묻습니다. "전쟁 중에 한 가족의 연약한 울타리를 어떻게 지킬 수 있을까? 그처럼 비인간적인 상황에서 그 울타리를 보호할 수 있을까? 자녀를 기를 수 있을까? 18살이 되면 전쟁터에 나가 싸워야 하는 자녀를?" 그러면서 다음과 같이 말합니다. "우리(이스라엘인 — 옮긴이)는 이처럼 폭력이 악순환되는 현실을 회피하고 있다. 팔레스타인 사람들도 마찬가지다. 나는 30년 전부터 계속 이스라엘의 팔레스타인 점령에 반대해 왔다. 팔레스타인 사람들이 국가를 갖지 못하는 한, 우리도 국가를 갖지 못할 것이다."[12] 이는 완전히 타당한 주장입니다. 하지만 그가 쓴 훌륭한 저작들만큼 강력한 주장이라고 할 수는 결코 없습니다.

그의 저작들은 상상력과 분석, 분석에서의 상상력을 보여 주니까요. 이러한 상상력과 분석이야말로 사회학과 문학의 공통된 운명입니다.

리카르도 마체오에게

예술이 세상을 바꿀 수 있는가라는 오스터의 물음은 예술을 사회학으로 바꿔도 그대로 성립합니다. 기나긴 인생의 끝자락에서 나를 가장 괴롭히는 것이 저 물음입니다. 그리고 저 물음에 부정적으로 답하게 하는 증거가 계속 늘어나고 있다는 사실도 괴롭습니다. 지난 세월을 돌이켜 보면, 가장 먼저 떠오르는 것이 아직 태어나지 않은 희망과 무산된 약속과 기대들…, 육신이 될 기회도 얻지 못한 채 의심 속에 버려지고 잊힌 말들의 숱한 가짜 새벽과 광대한 묘지입니다.

하지만 사회학자나 소설가에게서 볼 수 있듯이, 인간들의 놀라운 힘을 이끌어 내는 가장 내밀하고 신비로운 근원적 인간 조건을 통찰하도록 돕고자 할 때, 인간들이 어떻게 하면 인간 조건 속에 감춰져 있는 함정과 매복을 피하면서 의미와 목적과 가치를 삶의 길에서 발견하거나 삶의 길에 새겨 넣을 수 있을지를 모색하도록 돕고자 할 때, 우리가 쓸 수 있는 도구라고는 말 이외에는 전혀 없습니다. 2008년 9월 25일에 위대한 소설가, 주제 사라마구는 이렇게 말했습니다.

> 인류 역사가 막 시작되었을 때, 알다시피 인간이 불확실성의 최고 창조자인 언어를 발명하기 전에(즉 우리가 동물이던 어두운 과거에), 우리는 우리가 누구인지에 대해 심각하게 고민하지 않았습니다. 우리가 있는 장소와의 개인적·집단적 관계에 대해서도 마찬가지였습니다. (…) 태초에 이 세계는 그저 현상이었고 표면에 지나지 않았습니다. (…) 모든 것은 보이는 대로 존재했습니다.[13]

말은 있는 것처럼 보이는 것으로부터 있는 것을 구별할 수 있게 허용하고 자극하며 요구합니다. 말은 사물의 진리와 현상 사이에 틈을 만들고 현상의 의미를 제시/함축/암시함으로써 그 메시지의 의미를 분명히 밝히려 시도하면서 진리의 법정의 재판장을 자처합니다. 그런데 저 말을 하고 불과 두 달 뒤인 2008년 11월 18일에 사라마구는 이렇게 말했습니다.

"내 인생에서 했던 얼마 되지도 않는 이성적이고 사려 깊은 말들이 결국은 전혀 중요하지 않다는 확신을 갖게 된 지금, 마음이 쓰리다." 우리라면 모를까, 평생을 글을 써서 많은 사람들에게 영향을 미친 그가 자신의 글에 대해 이런 혹독한 판결을 내렸습니다. 물론 소설가 중에서 가장 위대한 철학자이자 사회학자에 속하는 사라마구의 경우, 말의 의미를 평가하는 기준이 우리 대부분보다 훨씬 더 높았습니다. 한 달 후 크리스마스에 그는 이렇게 적었습니다. "신은 우주의 침묵이고, 인간은 그 침묵에 의미를 부여하는 외침이다."

코넬리우스 카스토리아디스Cornelius Castoriadis가 마지막에 가졌던 어떤 인터뷰에서 한 말을 듣고, 나도 15년 전에 "우리 문명의 문제는 스스로에게 질문을 던지는 것을 그만두었다는 데 있다"[14]고 말한 적이 있습니다. 또한 '거대 서사'의 몰락과 종언을 선언하는 말은 지식 계급의 이탈의 신호탄이라고도 말했습니다. 현대 지식인의 소명 거부 혹은 존 케네스 갈브레이스John Kenneth Galbraith가 말하는 '만족한 자의 탈퇴'의 신호탄이라고 말입니다. 그러면서 "이데올로기가 이성을 자연과 대립시켰다면, 신자유주의 담론은 이성을 자연화함으로써 이성을 무력화한다"[15]는 주장도 했습니다. 이때 '자연적'이라는 것은 이유도 목적도 없다는 것, 그저 있을 뿐이라는 것을 의미합니다. 인간이 일시적으로 만들어 낸 세계의 어떤 영역이나 측면에 '자연적인 것'이라는 속성을 부여하는 것은 특정 사회가 갖고 있는 자축과 자기만족의 분위기를 은폐하기 위한 술책입니다. 즉 좋지 않을 뿐만 아니라 결국에는 독으로 작용하는 자화자찬과 비겁한 자기기만의 혼합물입니다. 그런 사회는 해야만 하는 것을 해서는 안 되는 것과 구별하고, 피할 수 있는 불행과 싸워 이기고, 피할 수 있는 오류를 바로잡고. 선택의 책임을 떠맡고자 하는 야망을 포기한 사회입니다.

우리 시대가 직면한 난제는 결국 질문을 던지는 것에 대한 등한시나 거부 혹은 학습된 무능력이라고 할 수 있습니다. 질문을 던지는 기술은 쇠퇴하고 시들어가고 있습니다. 이 기술은 마거릿 대처의 간결하고도 영리한 표현, 즉 '대안은 없다'라는 지배적인 신념에 의해 폐기되었고 불신의 대상이 되었습니다. 팬들이 '매혹적으로 불온하다'고 표현한 영화들을 만든 미카엘 하네케 감독은 영화를 만드는 목적에 대해 다음과 같이 말했습니다. "영화가 추구하는 것은 이데올로기가 아니라 자신의 거짓말과 싸우는 것이다."[16] 덧붙이자면, 대답을 생각해 내고 구성·제공하는 것은 불안을 완화(가능하다면, 분산이나 제거)함으로써 다툼을 중지시키기 위해서이지만, 질문의 존재 이유는 듣는 사람이 무관심한 상태에서 벗어나 적극적인 마음가짐을 갖도록 하는 것입니다. 질문은 질문을 받는 사람에게 선택할 의무와 선택의 결과에 책임을 질 의무를 일깨워 줍니다. 바이스코프Weiskopf는 하네케의 작품을 도덕적이라기보다는 윤리적인 것으로, '도덕 교육학'보다는 푸코가 말하는 '윤리적 싸이카고지psychagogy'*에 속하는 것으로 분류합니다. "그의 작품에는 설득이나 교훈·주입이 없다. 그의 작품은 관객을 '진실'과 대면시킬 뿐이다. 진실은 관객에게 반응이나 응답을 요구하고 관객이 자기 관계에 대해 성찰하도록 만든다."

하지만 바이스코프가 말하는 진실은 상식적인 선입견과 충돌합니다. 왜냐하면 싸이카고지에서 이야기하는 진실과 상식에서 이야기하는 진실은 질문과 대답처럼 목적이 상반되기 때문입니다. 질문은 대답이 제공하고자 하는 정신적·도덕적 편안함을 침해하는 경향이 있습니다. 바이스코프가 정확히 지적하고 있듯이, 하네케가 "슬픔과 고통을 가시화할 뿐만 아니라 관객에게 폭력을 인식하는(또는 인식하지 못하는) 자신의 방식과 대면"하게 만드는 것은 "관객의 마음 속에 생산적인 불안"을 불러일으키기 위해서입니다. 바이스코프는 자기 주장을 뒷받침하는 증거로 하네케가 상업 영화에서 높은 흥행 수익을 위해 폭력이 '판매'되고 이용되는 방식에 대해 한

---

* 싸이카고지 : 바람직한 삶의 목표를 제시해 주어 행동을 변화시키고자 하는 심리 치료 요법.

말을 인용합니다.

꺼림칙하고 떳떳하지 못한 것은 팔리지 않습니다. 우리 모두
는 〈지옥의 묵시록〉의 헬리콥터에 앉아 바그너의 〈발키리의
기행〉이 배경 음악으로 흘러나오는 가운데 개미 같은 베트남
인들에게 총을 발사하고 있습니다. 이질적이고 이해할 수 없
고 공포스럽고 소멸되어야 할 것을 향해 총을 발사하고 있습
니다. 우리는 사우나에 간 것처럼 편안함을 느낍니다. 왜냐면
우리는 대량 학살에 대한 책임이 없기 때문입니다. 그 책임은
공산주의에 있거나 워싱턴의 이해할 수 없을 만큼 추잡한 정
치에 있거나 경우에 따라서는 미국 대통령 ─ 우리의 좋은 친
구조차도 못 되는 ─ 에게 있기 때문입니다. 우리는 모두 기꺼
이 7유로를 지불합니다. 그렇지 않나요?

맞습니다! 우리가 영화를 보기 위해 돈을 지불하는 것은
우리 조상들이 순회 수도사들에게서 과거와 미래의 죄에 대
한 면죄부를 구입했던 것과 마찬가지로 깨끗한 양심을 위해
서입니다. 면죄부는 상업화된 문화 산업의 주요 상품입니다.
오늘날 문화 산업은 악명 높은 현상 유지의 사도들과 한통속
입니다. 세상을 윤리적 요구에 따라 다시 재단하려는 도덕
관념을 무력화시키기 위해 반항적인 도덕적 자아를 부도덕
한 세계에 적응시키는 데 골몰하죠. 미셸 우엘베크의 걸작

260

《어느 섬의 가능성》에서 마지막 복제 인간인 다니엘 25는 세상과 우리의 삶의 방식이 지금 그대로일 경우 미리 정해져 있는 자기 파괴적인 길의 결말에 대해 다음과 같이 말합니다.

인간이 느끼던 기쁨은 우리(신인류)로서는 알 수 없는 것이다. 하지만 인간의 슬픔에 마음이 찢어지는 일은 우리에겐 있을 수 없다. 우리의 밤은 이제 더 이상 공포나 황홀경에 동요하지 않는다. 우리는 기쁨도 고통도 없이 삶을 살아간다.

이것이 우리가 원하는 것일까요? 행복이 평온·무감각·무관심이 주는 편안함에서 올 수 있을까요? 벗어날 권리도 없고 벗어날 능력도 없이 그저 제조되어 세상으로 보내진 다니엘 25가 '행복'이란 단어를 사용해 자신의 상황에 대해 이야기하는 일은 일어나지 않을 것입니다.

또 한 명의 뛰어난 재능과 통찰력을 가진 소설가 조르주 페렉은 《사물들》에서 지금처럼 소비자주의(즉 세상을 구매되고 소유되고 씹고 즐기는 과정에서 파괴된 후 쓰레기 더미에 버려질 무한히 채워질 수 있는 상품들로 가득 찬, 무한히 거대한 컨테이너로 생각하고 취급하는 문화)에 의해 삶이 소비되는 시대가 올 것을 일찍이 예고했습니다. 《사물들》에서 실비와 제롬은 삶을 평탄하고 고통 없고 편리하고 편안하게 만드는 것들이 주는 즐거

움을 발견하고는 그것들을 충분히 손에 넣기 위해 부자가 되
기로 결심합니다.

> 그들의 세상에서는 손에 넣을 수 없는 것을 갈망하는 것이 법
> 칙이나 다름없었다. 그런 법칙을 정한 것은 그들이 아니었다.
> 온갖 광고, 잡지, 쇼윈도, 거리 풍경, 어떤 의미에서는 이른바
> 문화생활을 구성하는 모든 생산물은 사회 법칙, 삶의 사실의
> 가장 진정한 표현이었다.[17]

매력적이었으나 실망만을 안겨 준 몇 차례의 탐색 끝에,
그들은 마침내 자신들이 꿈꾸던 세계에 이르게 됩니다. "풍
요의 감옥, 안락과 행복의 매혹적인 덫 속에서 어른거리는
낯선 세계, 시장 문화의 매혹적인 우주"[18]로 들어서게 됩니
다. 그런 세계에서 그들의 삶은 "매일 낮과 밤의 조화로운
연속, 거의 알아차릴 수 없는 변화, 동일한 주제의 끊임없는
반복, 계속되는 행복, 어떠한 불행이나 비극적 사건 혹은 운
명의 장난도 뒤흔들 수 없는 영원한 즐거움"[19]을 약속할 것
같았습니다. 그들은 삶이 이런 것이기를 꿈꾸었습니다.

하지만 그들을 가로막는 걸림돌이 있었습니다. 저 '끝없이
이어지는 행복'의 세계에는 가시처럼 성가신 걸림돌이 있었
습니다. 이 젊은 한 쌍은 "더 이상 참을 수 없었다. 그들은

싸우고 싶었고 이기고 싶었다. 그러나 어떻게 싸울 수 있을까? 누구와 싸울 것인가? 무엇을 위해 싸울 것인가?"[20] 페렉은 옛날에도 수백만 명의 사람들이 빵 한 조각과 깨끗한 물 한 잔을 위해 싸웠고 지금도 마찬가지라고 말합니다. 하지만 "제롬과 실비는 사람들이 체스터필드 소파를 위해 싸울 수 있을 것이라고는 생각지도 못했다." 누가 생각할 수 있었겠습니까? 자신의 삶이 행복했다고 생각하느냐는 물음을 받고 볼프강 괴테가 답변한 말에 함축되어 있는 행복에 대한 그의 견해가 생각납니다. "나는 매우 행복한 삶을 살았다. 하지만 온전히 행복했던 한 주일은 기억할 수 없다." 이 말은 행복은 문제나 슬픔·고통이 없는 데서 오는 것이 아니라 맞서 싸우고 극복하는 데서 온다는 뜻입니다.

《사물들》을 발표하고 2년 후, 페렉은 소비자주의 시대가 막 시작되고 있던 당시에 소비자주의 시대의 종언을 철학적으로 고찰하는 《잠자는 남자Un homme qui dort》[21]를 출간했습니다. "어쩌면 너는 오래전부터 너 자신에게 계속 거짓말을 하거나 정신을 무디게 하거나 수렁 속으로 점점 깊이 빠져들 수도 있었다. 하지만 게임은, 거대한 축제는, 불확실한 삶을 기만적으로 강화하는 일은 끝났다. 세상은 미동조차 없었고, 너는 변하지 않았다. 무관심이 너를 다른 인간으로 만들어 주지는 않은 것이다." 삶의 행복 산출 잠재력이라는 측면에서, 벽지를 바꾸고 싶어 하는 것과 세상을 바꾸고 세상 사람들의 처지를 바꾸고 싶어 하는 것에는 차이가 있습니다. 실로 도저히 측정할 수 없는 무한한 차이가 있습니다.

벽지와 가구, 창문의 조망, 배우자와 연인, 우리의 생각과 우리 자신은, 뛰어난 통찰력을 보여 준 작가 조지프 브로드스키Joseph Brodsky가 예측하고 있듯이, 언젠가는 지루해질 수밖에 없는 소비재일 뿐입니다.[22] 모험이라곤 조금도 찾아볼 수 없는 끊임없이 이어지는 지루하고 단조로운 낮과 밤을 자극과 흥분으로 채워 주겠다고 약속하는 광고 문구의 집요한 권유에 못 이겨, 우리는 이제는 낡은 것이 된 과거의 즐거움의 증거들을 싸서 가장 가까운 쓰레기장에 내다 버릴 것입니다. 그리고는 '새로운 시작'처럼 보이는 것이 갖고 있는 미지의 맛과 향(예를 들면, 새로운 벽지, 새로운 창문 조망, 새로운 연인 등)을 찾아 나설 것입니다. 그러나 벽지를 비롯한 소비재를 바꾸는 것이 행복에 도움이 될 것이라고 생각한다면, 쓰디쓴 좌절을 맛보게 됩니다. 브로드스키는 경고합니다. 손쓸 수 없이 분열 번식하는 유령 같은 행복이 이어지다가 마침내 "새로운 가족과 새로운 벽지, 새로운 상태와 분위기에 둘러싸인 채 여행사와 정신과에서 보낸 청구서로 가득한 집의 침실에서 깨어나 창문으로 들어오는 햇빛에 심드렁해지는" 날이 그리 머지않아 찾아올 것이고, "그때 (…) 당신의 어휘 사전에는 신경증과 우울증이란 단어가 추가될 것이다. 그리고 알약들과 당신의 약장도."

이는 날마다 새로운 흥분과 새로운 시작 — 치유 불가능할 정도로 철저히 근시안적인 소비자 사회의 순간의 독재[23] 하에서 정신없이 쫓기는 우리의 삶을 보여 주는 징표 — 을 찾아 나서는 바람에 전혀 드러나지 않을 뿐 사실은 근본적인 실존적 문제입니다. 이 실존적 문제는 인간의 자율성, 자기 창조, 자기주장이라는 현대적 꿈이 인간 능력을 벗어나는 일이 생기지 않도록 하기 위해 다시 인간의 주된 관심 대상이 되기를 갈망하고 있습니다.

이와 같은 근본적인 실존적 문제를 다시 공적 의제로 만드는 것이 문학과 사회학의 공동 소명입니다. 이런 문제를 찾아 제시한다는 점에서 문학과 사회학은 일치합니다. 즉 둘은 서로 보완하고 끊임없이 서로 자극을 주고받을 수밖에 없는 운명입니다.

미 주

머리말

1. Zygmunt Bauman, Michael Hviid Jacobsen and Keith Tester, *What Use Is Sociology? Conversations with Michael Hviid Jacobsen and Keith Tester* (Polity, 2014), pp. 14-17. 《사회학의 쓸모》로 번역됨.

2. Frederick Barth, *Ethnic Groups and Boundaries: The Social Organization of Culture Difference* (Universitetsforlaget, 1969) 참조.

3. '하나 안에 있는 (대립하는) 두 문화'의 역사와 현재의 양상에 대해서는, 스테판 콜리니Stefan Collini의 〈Leavis v. Snow: The 'two cultures' bust-up 50 years on〉(《가디언》 2013. 8. 16) 볼 것. 이 글은 매우 유익하고 통찰력이 있다.

4. Georg Lukács, *The Theory of the Novel*, trans. Anna Bostook (The Merlin Press, 1971), pp. 72-3, 77 인용. 《소설의 이론》으로 번역됨.

5. Milan Kundera, *L'art du roman* (Gallimard, 1968); 여기서는 *The Art of the Novel*, trans. Linda Asher (Faber & Faber, 2005), pp. 4-5 인용.

6. José Saramago, *The Notebook*, trans. Amanda Hopkinson and Daniel Hahn (Verso, 2010), p. 13.

제1장 두 자매

1. Milan Kundera, *Le rideau: essai en sept parties* (Gallimard, 2005), p. 104. 《커튼》으로 번역됨.

2. Jean-Pierre Richard, *Proust et le monde sensible* (Editions du Seuil, 1974), p. 31.

3. Zygmunt Bauman, Michael Hviid Jacobsen and Keith Tester, *What Use Is Sociology? Conversations with Michael Hviid Jacobsen and Keith Tester* (Polity, 2014), p. 19.

4. Stefano Tani, *Lo schermo, l'Alzheimer, lo zombie: tre metafore del ventunesimo secolo* (Ombre corte, 2014), and Adolfo Fattori, *Sparire a se stessi: interrogazioni sull'identità contemporanea* (Ipermedium Libri, 2013).

5. Bauman et al., *What Use Is Sociology?* 《사회학의 쓸모》로 번역됨.

6. Mario Luzi, *Al fuoco della controversia* (Garzanti, 1978), p. 43.

7. J. M. Coetzee, *Diary of a Bad Year* (Harvill Secker – imprint of Random House, 2007); *Diario di un anno difficile* (Einaudi, 2008), p. 121.

8. 이탈리아어 번역본은 *Il libro del riso e dell'oblio* (Adelphi, 1991).

9. 같은 책, p. 217.

10. David Lodge, *Deaf Sentence* (Penguin Books, 2009), p. 32.

11. Milan Kundera, *Une rencontre* (Folio, 2011). 《만남》으로 번역됨.

12. www.opendemocracy.net/5050/heather-mcrobie/what-should-we

-do-about-radovan-karadzic-poetry? 참조.

13. www.smh.com.au/action/printArticle?id=2774200 참조.

14. 같은 책.

15. Susan Sontag, 'Fascinating Fascism', a review of *The Last of the Nuba* by Leni Riefenstahl and *SS Regalia* by Jack Pia, *New York Review of Books*, 8 February 1975.

제2장 문학을 통한 구원

1. Eraldo Affinati, *Elogio del ripetente* (Mondadori, 2013)

2. Zygmunt Bauman, *Collateral Damage: Social Inequalities in a Global Age* (Polity, 2011). 《부수적 피해》로 번역됨.

3. 같은 책, p. 1.

4. 같은 책, p. 2. * 본문의 내용을 문맥에 맞게 옮긴이가 보완함.

5. 같은 책, p. 3.

6. Richard Sennett, Together: *The Rituals, Pleasures and Politics of Cooperation* (Yale University Press, 2012). 《투게더》로 번역됨.

7. Bauman, *Collateral Damage*, p. 9.

8. Affinati, *Elogio del ripetente*, pp. 12-13.

9. 같은 책, p. 25.

10. 같은 책, p. 50.

11. Paolo Rodari, 'A Villa Miseria dove abitano gli amici del Papa', *La Repubblica*, 2 March 2014, p. 32.

12. Martha Nussbaum and Amartya Sen, *The Quality of Life* (Oxford University Press, 1993) 참조.

13. www.social-europe.eu/2011/08/the-london-riots-on-consumerism-coming-home-to-roost.

제3장 진자와 칼비노의 비어 있는 중심

1. Zygmunt Bauman, Michael Hviid Jacobsen and Keith Tester, *What Use Is Sociology? Conversations with Michael Hviid Jacobsen and Keith Tester* (Polity, 2014).

2. Zygmunt Bauman and Keith Tester, *Conversations with Zygmunt Bauman* (Polity in association with Blackwell Publishers, 2001).

3. Dominique Schnapper, *L'esprit démocratique des lois* (Gallimard, Collection Nrf, 2014).

4. Moisés Naím, *The End of Power: From Boardrooms to Battlefields and Churches to States, Why Being In Charge Isn't What It Used to Be* (Basic Books, 2013).

5. Marco Belpoliti, 'Quel che resta del potere' ('What Remains of Power'), *L'Espresso*, 27 February 2014.

6. Zygmunt Bauman and Riccardo Mazzeo, *On Education* (Polity Press, 2012), ch. 19.

7. Bauman and Tester, *Conversations with Zygmunt Bauman*, p. 145.

8. 부제는 *Time, Chaos, and the New Laws of Nature* (The Free Press, 1996).

9. 같은 책, pp. 4, 7.

10. 같은 책, p. 37.

11. Zygmunt Bauman, *The Art of Life* (Polity, 2008)에서.

12. Arlie Russell Hochschild, *The Outsourced Self* (Metropolitan Books, 2012), p. 8 참조.

13. 같은 책, pp. 11, 12, 14.

제4장 아버지 문제

1. Luigi Zoja, *Il gesto di Ettore* (Bollati Boringhieri, 2000).

2. 같은 책, pp. 10-11.

3. 같은 책, p. 11.

4. 같은 책, p. 12.

5. Zygmunt Bauman, *A Natural History of Evil* (Indigo Press, 2012).

6. Zoja, *Il gesto di Ettore*, p. 15.

7. 같은 책, p. 45.

8. 같은 책, p. 51.

9. Zygmunt Bauman, *Legislators and Interpreters: On Modernity, Postmodernity, and Intellectuals* (Polity, 1987).

10. Zoja, *Il gesto di Ettore*, p. 180.

11. 같은 책, p. 181.

12. 같은 책, p. 266.

13. 같은 책, p. 297.

14. www.brainyquote.com/quotes/quotes/b/blaisepasc 151958.

제5장 문학과 공위기

1. Adolfo Fattori, *Sparire a se stessi: interrogazioni sull'identità contemporanea* (Ipermedium Libri, 2013), p. 11.

2. 'Walser's Voice', in Robert Walser, *The Walk* (Serpent Tail, 1992), pp. vii–ix 참조.

3. Robert Walser, 'The Walk', in Walser, *Selected Stories* (Farrar, Strauss and Giroux, 1982), p. 86.

4. 같은 책, p. 52.

5. Robert Walser, 'Kleist in Thun', in Walser, *Selected Stories*, pp. 19–20.

6. Franz Kafka, 'The Departure', trans. Tania Stern and James Stern in *The Collected Short Stories of Franz Kafka*, ed. Nahum N. Glatzer (Penguin, 1988), p. 449.

7. Martin Esslin in *The Theatre of the Absurd* (Doubleday, 1961), p.

138 참조.

8. W. G. Sebald, 'Le promeneur solitaire', *New Yorker*, 7 February 2014 참조.

제6장 블로그와 중개자의 소멸

1. Jonathan Franzen, *The Kraus Project: Essays by Karl Kraus Translated and Annotated by Jonathan Franzen* (London, 2013), p. 25 of the Italian edition. All subsequent page references to this title apply to the Italian edition. 이하 이 책의 쪽수는 이탈리아 판본에 따른다.

2. Franzen, quoted from *Die Fackel*, p. 50.

3. Zygmunt Bauman, Michael Hviid Jacobsen and Keith Tester, *What Use Is Sociology? Conversations with Michael Hviid Jacobsen and Keith Tester* (Polity, 2014).

4. Eugenio Borgna, *La dignità ferita* (Feltrinelli, 2013) and *La fragilità che è in noi* (Einaudi, 2014).

5. Franzen, *The Kraus Project*, pp. 79-80. * 본문의 인용문이 미비하므로 옮긴이가 직접 프랜즌의 책을 보고 수정 번역했다.

6. 같은 책, pp. 70-1.

7. 같은 책, p. 161.

8. 같은 책, pp. 197-8.

9. Jonathan Franzen, *Farther Away* (Fourth Estate, 2012), pp. 148-50 참조.

10. 같은 책, pp. 5-6 참조.

11. 같은 책, p. 11.

제7장 우리 모두 자폐인이 되어 가는가?

1. Jean-Michel Besnier, *L'Homme simplifié: la syndrome de la touche étoile* (Librairie Arthème Fayard, 2012).

2. Theodor Adorno, p. 38 in the Italian edition, *Minima moralia: meditazioni della vita offesa* (La Biblioteca di Repubblica-L'Espresso, 1979 and 1994).《한 줌의 도덕 — 상처 입은 삶에서 나온 성찰》로 번역됨.

3. Besnier, *L'Homme simplifié*, p. 22.

4. 같은 책, p. 52.

5. 같은 책, p. 28.

6. www.autistica.org.uk/about_autism/index.php? gclid=Cj0KEQjwxZie BRDegZuj9rzLt_ABEiQASqRd-hfAx6Ds0nYMiMfV8ti83_5r0bAAV npZOj02 BJ5P0ZcaAt_a8P8HAQ 참조.

7. www.autism.org.uk/about-autism/autism-and-asperger-syndrome -an-introduction/what-is-autism. aspx 참조.

제8장 21세기의 은유

1. Zygmunt Bauman, Michael Hviid Jacobsen and Keith Tester, *What Use Is Sociology? Conversations with Michael Hviid Jacobsen and Keith Tester* (Polity, 2014), p. 84.

2. 같은 책, p. 78.

3. 같은 책, pp. 78-9.

4. 같은 책, p. 77.

5. 같은 책.

6. Stefano Tani, *Lo schermo, l'Alzheimer, lo zombie: tre metafore del XXI secolo* (Ombre corte, 2014).

7. 같은 책, p. 9.

8. 같은 책, p. 40.

9. 같은 책, pp. 66-7.

10. Marshall McLuhan, *Understanding Media: The Extensions of Man* (McGraw-Hill, 1964), p. 49.

11. Tani, *Lo schermo, l'Alzheimer, lo zombie*, p. 74.

12. Lisa Genova, *Still Alice* [2007] (Simon & Schuster, 2009). 《내 기억의 피아니시모》로 번역됨.

13. 같은 책, p. 33.

14. 같은 책, pp. 268, 269.

15. Zygmunt Bauman, *Homo consumens* (Erickson, 2007).

16. Tani, *Lo schermo, l'Alzheimer, lo zombie*, p. 91.

17. http://hundredgoals.files.wordpress.com2008/07/17australia-pope-attacks-consumerism 참조.

18. 'In His New Series Jacques Peretti Shows How Determined People Are to Get Us Buying Stuff. And Just How Willing We Are to Comply', *The Guardian*, 28 June 2014.

19. Georges Perec, *La vie: mode d'emploi* (Hachette, 1978).

20. Georges Perec, *Les choses* (René Juilliard, 1965). 데이비드 벨로스David Bellos 역, *Things: A Story of the Sixties* (Vintage Books, 2011) 인용.

21. Perec, *Things*, p. 35.

22. Thornstein Veblen, *Theory of the Leisure Class* (1899).

23. Thornstein Veblen, *Conspicuous Consumption* (Penguin Books, 2005), pp. 57-8.

24. Nicolas Rousseau, 12 July 2014, www.actu-philo sophia.com/spip.php?article382.

25. Christopher Lasch, *Culture of Narcissism: American Life in an Age of Diminishing Expectations* [1979] (W.W. Norton & Co., 1991), p. 50 참조.

26. 같은 책, pp. 50-1.

27. 같은 책, pp. 27, 33, 64.

28. 같은 책, p. 242.

29. Michael Maccoby, *The Gameman: The New Corporate Leaders* (Simon & Schuster, 1976), p. 104. 여기에서는 Lasch, *Culture of Narcissism*, p. 44 인용.

30. Lasch, *Culture of Narcissism*, p. 44.

31. Jean M. Twenge and W. Keith Campbell (eds.), *The Narcissism Epidemics: Living in the Age of Entitlement* (Atria Paperback, 2013), p. 259.

32. Lasch, *Culture of Narcissism*, p. 248.

33. 같은 책.

제9장 트위터 문학의 위험성

1. Dubravka Ugrečić, *Cultura Karaoke* (Nottetempo, 2014); 원래 제목은 *Karaoke Culture / Napad na minibar* (2011).

2. Ugrečić, Cultura Karaoke, p. 16.

3. 같은 책, pp. 22-3.

4. 같은 책, p. 56.

5. Corinne Atlas, 'Un problema con la letteratura', *Internazionale*, 22 August 2014, no. 1065, p. 80.

6. Ugrečić, *Cultura Karaoke*, p. 103.

7. 같은 책, p. 58.

8. Ugrečić, *Cultura Karaoke*, p. 56.

9. 영어판 *Karaoke Culture*, trans. David Williams (Open Letter, 2011), p. 39 인용.

10. 같은 책, pp. 40-1.

11. Ugrečić, *Cultura Karaoke*, pp. 22-3.

12. Ugre˘ci´c, *Karaoke Culture*, p. 43.

13. Thomas Y. Levin 역, *The Mass Ornament* (Harvard University Press, 1995), pp. 65, 71 인용.

14. Siegfried Kracauer, in another essay, 'Die Wartenden' ('Those Who Wait'), *Frankfurter Zeitung*, 12 March 1922, pp. 132, 129–30, 130–1.

제10장 마르고 습한

1. Alberto Garlini, *La legge dell'odio* ('The Law of Hate') (Einaudi, 2012).

2. Charles Wright Mills, *The Sociological Imagination* (Oxford University Press, 1959, 2000), p. 8.

3. Garlini, *La legge dell'odio*, p. 548.

4. 같은 책, pp. 590–1.

5. 같은 책, pp. 71–2.

6. 같은 책, p. 555.

7. 같은 책, pp. 621–2.

8. 1987년 미국의 미네소타 대학 출판부에서 'Male Fantasies'라는 제목으로 번역한 책 참고.

9. Jonathan Littell, *Le sec et l'humide* (Gallimard, 2008), pp. 26–9.

10. 같은 책, p. 35.

제11장 '일체화' 안에서의 긴축

1. Jonathan Littell, *Les bienveillantes* (Paris, 2006); 이탈리아어 번역본: *Le benevole* (Einaudi, 2007), p. 18; 영어 번역본: *The Kindly Ones* (Harper Collins, 2009). 이하 쪽수 표시는 이탈리아어 번역본에 따른다.

2. 같은 책, p. 24.

3. 같은 책, p. 496.

4. Robert Musil, *Der Man ohne Eigenschaften* (Rowohlt Verlag, 19 30); 이탈리아어 번역본: *L'uomo senza qualità* (Einaudi, 1958), p. 654; 영역본: *The Man without Qualities* (Alfred A. Knopf, 1995).

5. Musil, *L'uomo senza qualità*, p. 668.

6. 같은 책, p. 672.

7. Zygmunt Bauman and Gustavo Dessal, *El retorno del péndulo: sobre psicoanalisis y el futuro del mundo líquido* (Fondo de Cultura Económica de España, 2014).

8. Littell, *Le benevole*, p. 382.

9. 같은 책, p. 383.

10. 같은 책, p. 440.

11. Bauman and Dessal, *El retorno del péndulo*, p. 27.

12. Littell, *Le benevole*, p. 144.

13. Richard Sennett, *Together: The Rituals, Pleasures and Politics of Cooperation* (Penguin, 2012), p. 19 참조.

14. Joke Brouwer and Sjoerd van Tuinen (eds.), *Giving and Taking: Antidotes to a Culture of Greed* (V2_ Publishing, 2014), p. 5.

15. Peter Sloterdijk, 'What Does a Human Have That He Can Give Away?', in Brouwer and van Tuinen (eds.), *Giving and Taking*, pp. 10-11 참조.

16. http://wordinfo.info/unit/3363/ip:5/il:T 참조.

17. Sloterdijk, 'What Does a Human Have That He Can Give Away?', p. 17.

18. 같은 책.

19. 같은 책, p. 18.

제12장 교육·문학·사회학

1. Paul Auster and J. M. Coetzee, *Here and Now: Letters (2008–2011)* (Vintage, 2013), p. 127.

2. Massimo Recalcati, *L'ora di lezione* (Einaudi, 2014).

3. 같은 책, pp. 45–6.

4. *London Review of Books* (www.lrb.co.uk).

5. Auster and Coetzee, *Here and Now*, p. 129.

6. 같은 책, p. 87.

7. Benedetto Vecchi, 'Un sapere ridotto in frammenti', *Il manifesto*, 4 September 2014.

8. Charles Wright Mills, *The Sociological Imagination* (Oxford University Press, 1959, 2000), p. 197.

9. 같은 책, p. 202.

10. 같은 책, p. 205.

11. 같은 책, p. 212.

12. 2013년 9월 데이비드 그로스먼David Grossman이 이탈리아의 포르데노네 도서전의 회견에서 한 말.

13. José Saramago in *O Caderno*. 여기에서는 아만다 홉킨슨Amanda Hopkinson과 다니엘 한Daniel Hahn이 영역한 *The Notebook* (Verso, 2010) 인용.

14. Zygmunt Bauman, *In Search of Politics* (Polity, 1999), p. 125.

15. 같은 책, p. 128.

16. Michael Haneke의 인용. R. Weiskopf, 'Ethical-aesthetic Critique of Moral Organization: Inspirations from Michael Haneke's Cinematic Work', *Culture and Organization*, 20, March 2014, pp. 152–74.

17. Georges Perec, *Les choses* (Julliard, 1965) 참조. 여기에서는 *Things: A Story of the Sixties*, trans. David Bellos (Vintage

Books, 2011), p. 49 인용.

18. Perec, *Things*, p. 77.

19. 같은 책.

20. 같은 책.

21. 여기서는 *A Man Asleep*, trans. Andrew Leak, in *Things* 인용.

22. Joseph Brodsky, *On Grief and Reason: Essays of Joseph Brodsky* (Farrar, Straus and Giroux, 1995), pp. 107-8 참조.

23. 토마스 힐란드 에릭슨Thomas Hylland Eriksen이 같은 제목의 연구 서(Pluto Press, 2001)에서 사용한 표현. 더 상세한 논의는 Zygmunt Bauman, *Consuming Life* (Polity, 2007), ch. 3 볼 것.

문학과 사회학의 진정한 대화

지그문트 바우만은 60여 권에 이르는 엄청난 양의 저작을 내놓은 사회학계의 거장이다. 그의 주저들이 20개 이상의 주요 언어로 번역·출간된 점을 고려할 때, 어쩌면 '거장'이라는 표현보다는 전 세계의 많은 독자들의 사랑을 받는 '사회학계의 슈퍼스타'라는 표현이 더 어울린다고 할 수 있다. 수많은 사회학자들과 달리, 바우만이 사회학계를 넘어 전 세계의 많은 출판사와 독자들의 관심과 사랑을 받는 이유가 무엇일까? 그것은 그의 저작들이 대체로 많은 사람들이 공감할 수 있는 실존적인 물음, 구체적인 체험, 이야기를 통해 논의를 펼쳐 나가고 있기 때문이 아닐까 한다.

바우만은 과학적 방법을 사용해 객관성 내지 가치중립성을 추구하는 사회학은 객관적 사실, 정보, 통계 자료에 매몰됨으로써 인간의 구체적인 실제 삶과 분리된다고 본다. 이렇듯 그는 이른바 '객관적', '과학적' 사회학을 추구하는 특수한 지식인, 전문적인 지식인이기를 거부한다. 왜냐하면 사회학과 사회학자는 그 스스로가 자신들이 연구하고자 하는 사회 세계의 일부이기에 저 자연과학적 객관성이나 과학성을 확보할 수 없기 때문이라는 것이다.

바우만에 따르면, 이른바 과학적 진리는 데카르트적인 주체/객체의 이분법에 근거해 있는 한에서만 타당할 뿐이며, 사회과학적 진리는 인간의 주관성이라는 요소 때문에 그런 지위를 꿈꿔서도 안 되고 꿈꿀 수도 없다. 그렇기에 바우만은 자신의 사회학을 사회학적 해석학이라고 말한다. 사회학적 해석학이란 그가 즐겨 쓰는 표현으로 하면 '인간 경험과의 대화'이다. 그는 경험의 객관적 측면과 주관적 측면을 구분한다. 전자는 행위자가 개입하지 않은 경험으로 상호 검증이 가능한 이른바 '사실'이다. 후자는 행위자가 개입한 경험으로 상호 검증이 불가한 개인적인 생각과 느낌, 감정이라는 유일한 '사실'이다.

바우만은 단순한 객관적 사실이나 통계 자료로는 사회 현상을 충분히 설명할 수 없고 주관적 체험과 의미 부여 과정에 주목해야 한다고 본다. 이러한 의미 부여는 그 자체가 해석일 수밖에 없고, 또한 동일한 사실을 두고 다양한 해석이 있을 수밖에 없다. 사회학은 진리를 가리고 있는 통념 혹은 해석의 커튼을 찢고자 하는 끊임없는 시도이다. 해석들 간의 대화이자 해석의 해석, 이차 해석이다. 자연과학과는 궤를 달리하는 진리를 추구하는 작업이다.

이렇듯 바우만은 체험의 중요성을 역설하기에 그의 사회학적 작업에 문학과 예술이 중요한 것은 어찌 보면 너무도 당연하다. 문학과 예술은 사회과학과 달리 대상의 진리를 그들의 실제 삶의 모습 속에서 포착하기 위해 개인이 주어진 상황에서 생각하고 느끼는 것을 예리하고 구체적으로 표현·전달하기 때문이다. 바우만은 개인의 삶, 각자의 전기가 역사적 사건이나 사회의 구조적 과정과 긴밀히 연결되어 있다는 점에서 문학·예술과 사회학은 서로 대화하고 협력해야 하는 형제 또는 쌍둥이라고까지 말한다(물론 문학과 예술만이 사회학의 단 하나의 형제라고 보는 것은 아니다).

이 책은 문학을 통해 인간 경험과의 대화로서의 사회학을 보여 주려는 시도이다. 바우만은 밀란 쿤데라가 《만남》에서 쓴 이야기를 통해 있는 그대로의 순수한 실재는 환상이고 모든 것은 말로 짜여져 있기 때문에 문학과 사회학은 말의 커튼들을 끊임없이 뚫고 나아가는 운명에 놓여 있다고 자신의 사회학적 해석학의 기본 입장을 밝힌다. 그는 수잔 손택의 글을 통해서는 오늘날 부활하고 있는 나치즘적 정서와 더불어 오랜 세월에 걸쳐 이어져 온 폭력 신화에 경고를 고한다. 데 시카의 영화 〈밀라노의 기적〉을 통해서는 오늘날 끊임없이 생산·재생산되고 있는 문제들은 개인적 해결책만으로는 한계가 있을 수밖에 없음을 지적하면서 사회적 해결책을 모색하는 일의 중요성을 암시한다.

로베르트 발저의 《벤야멘타 하인학교》에서는 지배와의 싸움에서 승리할 수 없다는 것을 받아들이고는 자유로운 선택과 지배에의 저항을 거부하고 지배에 자발적으로 복종하는 현대인의 모습을 읽어 낸다. 프랜즌이 스마트폰이 우리들에게 심어 주는 '환상 이상'과 관련해서는 고통 없는 사랑은 있을 수 없으며 힘겹게 고통을 이겨 내는 것이야말로 사랑에 필수적이라고 역설한다. 조르주 페렉의 《사물들》을 통해서는 21세기를 대표하는 메타 은유로 나르키소스를 제시하면서 타인의 필요성을 완전히 부정하는 완전한 자족 상태에서 벗어나는 것, 소비자주의의 맹독에서 벗어나 인간의 자율성과 자기 창조라는 실존적 문제를 공적 의제로 만들 필요성을 힘주어 강조한다.

바우만이 이러한 대화를 통해 궁극적으로 추구하는 것은 현 세계의 특징에 대한 폭로와 해명, 개인의 이해와 선택 폭의 확대, 인간의 가능성의 확장, 함께 하는 삶이다. 그는 사회의 현재 모습이 충분히 긍정적이 아님을 인식하고 더 나은 세상을 위해 끊임없이 해석하고 대화를 추구한다. 그는 이러한 해석과 대화는 언제든 실패할 수 있지만, 실패는 일시적이고 희망은 지속적이며 가능성은 결코 파괴될 수 없다는 굳은 믿음을 갖고 있다. 이런 믿음이야말로 바우만에게는 진정한 인간다움의 징표이다.

이 책의 번역을 맡겨 주신 21세기문화원 류현석 원장에게 감사의 말씀을 드린다. 특히 번역 원고를 처음부터 끝까지 원문과 하나하나 대조해 가며 확인하고 의견을 주신 열정과 성실성에 찬사와 경의를 표한다.

2024년 8월 25일

안규남

문학 예찬

2024년 9월 20일 초판 1쇄 인쇄
2024년 9월 25일 초판 1쇄 발행

지은이 지그문트 바우만, 리카르도 마체오
옮긴이 안규남
펴낸이 류현석

펴낸곳 21세기문화원
등 록 2000.3.9 제2000-000018호
주 소 서울 성북구 북악산로1가길 10
전 화 923-8611
팩 스 923-8622
이메일 21_book@naver.com

ISBN 979-11-92533-18-6 03330

값 18,000원